イラストで見る!
やさしい心理学入門 ❶

社会心理学が
とっても
よくわかる本

慶應義塾大学教授
榊 博文 著

東京書店

まえがき

社会心理学は、社会学、心理学、経営学、政治学、宗教学など、実に幅広い研究領域にまたがる学問です。その研究対象は私たちの身近な出来事、環境にも及びます。そのため一般の人々からも関心をもたれやすく、また日常生活におけるさまざまな問題を解決するのに役立つことが多いのです。

たとえば本書で紹介する「説得」は、家庭や学校、会社などで日常的に行われていることですが、社会心理学の知識をもてば、より有利なコミュニケーションを取れるようになります。このほか、「対人魅力」、「援助行動」、「傍観者効果」などの心理学的効果にも、人生をより豊かにするヒントが散りばめられています。

もちろん、研究者は実利的な観点から研究をしているわけではありませんが、人間の行動を心理的な面から解き明かすことで、おのずとそれが、よりよい社会生活を送るための指針となるのです。

紙数の制限もあって、各章とも社会心理学の研究成果を網羅することはできませんでしたが、本書によって一通りの知識は身につけることができるでしょう。とくに本書では日常生活にスポットをあて、ユニークな視点から社会心理学を解説しており、親しみやすい内容に仕上がっています。各ページには、わかりやすいイラストも用意していますので、あまり心理学に馴染みのない人でも、十分に楽しめる内容になっているはずです。

みなさんが社会における人間行動や集合現象を理解して、実際の日常生活で起こるさまざまな問題を対処するのに、本書が役立てば幸甚です。

二〇〇八年四月　　榊　博文

序章 社会心理学とは？

1章 知らないうちに心は動いている

2章 心を動かす人、動かされる人 66

4章 人を動かす“定番”心理テクニック

ザッツ

6章 心を動かされないための防衛策

序章

社会心理学とは？

人が社会で生きていく以上
他者や集団とのかかわりを
切り離すことはできません。
そんな社会生活において
社会心理学が何を研究し、
どんな役に立っているのかを
この序章で紹介していきます。
社会心理学の世界にようこそ！

社会心理学の基礎知識 ❶

心理学にもいろいろある

膨大なテーマを扱う社会心理学

心理学に対する関心が、年々高まってきているようです。書店やコンビニエンスストアでも、心理学に関連した本を目にする機会が増えてきました。

ところで、みなさんは「心理学とはいったい何か？」と聞かれたときに、きちんと答えることができるでしょうか。

まずイメージするのは、心理テストやカウンセリングかもしれません。しかし、その研究対象はきわめて多岐に及びます。心理学の共通テーマは、人間の心を研究することですが、何しろ人間の心は複雑です。それを解き明かすために、さまざまな方向から研究が行われているのです。

そのため、心理学には、認知心理学や学習心理学、臨床心理学に健康心理学と、多種多様な研究テーマがあります。そのなかでも、本書で扱う社会心理学は、社会学、教育学、宗教学、文化人類学、法学、宗教学、普及学など、いろいろな学問と接点をもっています。商業的にも、広告やマーケティングなど、多彩なシーンで活用されています。

＊Supplement＊
いろいろな心理学とその研究テーマ

●認知心理学…人が見たり、聞いたり、考えたりする認知行動について研究します
●学習心理学…生き物がいろいろな経験をすることによって、より適応的な行動を学んでいく過程を研究します
●臨床心理学…精神の疾患や心の問題を解決する方法について研究します
●健康心理学…ストレスの対処や、生活習慣の改善など、心と体の健康を維持、獲得する方法について研究します

・・・・人間の心はあらゆる角度から見つめられている・・・・

心理学の研究テーマは、先に述べた以外にも、犯罪心理学、災害心理学、家族心理学、環境心理学、学校心理学、軍事心理学など、まだまだたくさんあります。研究が進むにつれ、さらにテーマが細分化されていくでしょう。

社会心理学の役目

人が生きていくうえで、社会とのかかわりは切っても切り離せません。たとえば勉強や仕事をするときは、学校や会社で多くの人と接します。また、家でくつろいでいても、テレビやインターネットから、さまざまな情報が入ってきます。そんな暮らしのなかで、人は社会的環境からどんな影響を受けて、どんな行動を取るのか？　それを研究しているのが社会心理学です。

ひとくちに社会心理学と言っても、その研究分野は多種多様です。ひとりでいるときの心の動きはもちろん、対人関係でお互いに与え合う影響や、集団になったときの心理状態、そして不特定多数の人々が対象となる社会的レベルでの集団行動まで、とても幅広い分野を研究しています。

研究分野が多岐にわたるのは、人間はひとり（個人）のときと、ふたり以上（対人）でいるとき、会社や学校（集団）に属したとき、さらに不特定多数（社会）のなかにいるときで、心の動きが異なるからです。

本書はそのなかでも、「個人」と「対人」に関連する社会心理学を中心に紹介していきます。「人は、どんなときに心が動かされるのか」、「どんな人が、他者の心を動かすことができるのか」、そして「どうすれば、心を動かされずに済むのか」というようなことを知れば、家族や友人とのつき合い方や、職場での人間関係において、大いに役立つでしょう。

実際に、福祉やビジネスの現場では、社会心理学的なアプローチへの関心が、年々高まっています。

・・・・心理学を学ぶとこんなメリットが・・・・

相手の心理を推し量り、うまくコントロールすれば、商談を有利に進められます。

相手の言動の裏を察知できれば、人から簡単に騙されることも減るでしょう。

相手の気持ちを考えた行動をすることで、おのずと人から好かれます。

社会心理学の基礎知識❷

心の動きを解き明かす社会心理学

心の動きは態度にあらわれる？

ひとりの人間（個人）の心の動きを社会心理学的立場から分析する場合、他者を判断するメカニズムや、個々が取る態度がカギになります。特に態度は、人間が社会で生きていくために欠かせないものです。「朝食を食べずに会社に行く」、「スーツに似合うネクタイを選ぶ」といった習慣も、じつはこの態度にあてはまります。

また、朝食を食べない人が「健康のために朝食を食べなさい」などと説得されて、朝食を食べるようになる……といった風に、態度は変わることもあります。本書ではこういった態度の変容、つまり「人間の心の動き」に注目しました。

いっぽう、人間が他者と接したとき（対人）のことを分析する場合、それによってあらわれる意識や行動がポイントになります。たとえば、相手のことを好ましいと意識することは、「対人魅力」という観点から研究されています。これにより、恋愛において自分のタイプの異性と、そうでない異性の違いがはっきりとあらわれる理由も解き明かされています。

・・・・こんなことにも態度が必要・・・・

どんなに些細な行動でも、態度を通して行われます。態度なくして行動はあり得ません。

・・・・好みのタイプには理由がある・・・・

好みは人それぞれですが、物事を好ましいと感じるのには、相応の理由があります。

集団や社会とのかかわりが心を動かす

家族や学校、会社などの集団と接したとき、人はさまざまな影響を受けます。また父親や兄弟、友達や上司など、それぞれの役割や関係によって、受ける影響の質も変わってきます。人はしばしば、長いものに巻かれてしまう傾向がありますが、本書ではそんな影響や同調行動をふまえ、会議（集団討議）をしたときの心理の変化や、集団内で意思を公表することの効果なども解説します。

また、集団よりも大きな存在で、不特定多数の人々で構成される社会からの影響も受けます。社会からの影響は、知らず知らずのうちに私たちの意識や行動を変えるように作用し、場合によっては世論に流されたり暴動に加担したりという結果を招くこともあります。

・・・・集団に入ると態度も変わる・・・・

グループに入ると、ひとりでいるときと同じ態度を維持するのは難しくなります。

ほかに、一定のサイクルで発生する流行も、社会からの影響を受けて起こる現象です。第一章で流行が起こる仕組みや、流行に乗りやすい人の特徴などもふれていきます。

＊Supplement＊

社会心理学はふたつある？

社会心理学は、「心理学的社会心理学」と「社会学的社会心理学」に大別することができます。これは研究方法に、心理学的なものと、社会学的なものがあるからです。どちらも、「社会からの影響を受ける人間の心理」を研究することに変わりはありませんが、前者は実験的に設定された条件下でのアプローチを、後者は社会の現実をより反映したアプローチをする傾向が強いのが特徴です。

・・・・知らず知らずに社会に流されている・・・・

主体的に生きているつもりでも、人は少なからず社会から影響を受けています。

心の仕組みをチェック! ❶

人は他者をどのように判断しているのか?

多すぎる情報が邪魔になる

急激な社会変化、情報量の増大、多数の人間とのかかわり合いなど、現代人は過剰な刺激を受けています。しかし人間は、ふたり同時にしゃべられただけでも聞き分けられず、新聞やテレビ、ラジオなどを同時に視聴することもできません。つまり、人間の情報処理能力には限界があるのです。では、処理能力を超える情報量がきた場合、どう処理するのでしょう?

無数の刺激が五感にふれたとき、人は入力すべきことと、そうでないことを意識的、あるいは無意識的に取捨選択しているのです。

人はだれでも多かれ少なかれ、他者や企業、国家や政党など、いろいろなものにレッテルを貼りたがります。レッテルを貼る行為は、嫌なにおいがしたときに鼻をつまむのとよく似ています。多すぎる情報、つまり不快なものをシャット・アウトするわけです。日常生活においても、「有名メーカーの商品だから、よいものに違いない」と決めつけ、「ぜひ購入したい」などという判断をすることは、よくあるのではないでしょうか。

・・・・世のなかは刺激であふれている・・・・

メディアからは日々、膨大な情報が流されていますが、処理能力には限界があります。

・・・・取捨選択のためにレッテルを貼る・・・・

よく知らないにもかかわらず、第一印象だけでよし悪しを決めつけていませんか？

サングラスを通して物事を見る

レッテルを貼るということは、一定の枠組みを通して、物事を見ているといえます。枠組みとは、サングラスやフィルターのようなものと言えばわかりやすいでしょう。サングラスの色の濃さや、フレームの大きさが異なるように、枠組みも人によって異なります。たとえば、色が濃く、フレームが小さいサングラスをかけている人は、限られたものしか見ることができませんが、色が薄く、フレームが大きいサングラスをかけている人は、比較的公正に、広く物事を見ることができるといえます。

物事を見るためのフィルターがひとたび完成すると、その枠からはみ出す多くの情報を捨てることになります。

・・・・物事を見るフィルターは大切だが…　・・・・

効率的に物事を見ることができる反面、視野が狭くなるというデメリットもあります。

このフィルターのおかげで、日ごろ読む新聞や雑誌も、おのずと決まってきます。なぜなら、自分の信念や趣味に合わないと思われるものは、除外できるからです。同じ理由で、それを隅々まで読む必要もなくなります。

選挙を例にあげると、いろいろ迷いながらも、投票する人物をいったん決めてしまえば、次の選挙からは、もう頭を悩ませることはありません。だから政治家は、支持者や支持団体を獲得すると、よほどの失敗を犯さない限り、支持を失うことはないのです。

企業においても同様で、自社の製品のよさを消費者に一度認めさせると、よほどの粗悪品を作るか、ほかの会社がよほど優れた製品を開発しない限り、消費者を自社に引きつけておくことができます。ロングセラーにはこんな理由もあるのです。

・・・・ロングセラーには秘密がある?・・・・

他社の商品と際立った差がなくても、一度選んだものは、次も買ってしまいがちです。

フィルターをかけるメリット

人々がフィルターをかけるメリットは、思考や判断の手続きを簡略化することにあります。そもそも何千万、何億という情報を逐一処理することなどできません。思考や判断のための手間や時間を省略することで、脳のオーバーヒート、ひいては精神に異常をきたすことを防いでいるのです。

しかしこのフィルター、便利な反面、かけるフィルターによっては問題の解決にならないこともあります。きわめて大まかでしかないフィルターで判断することを、「判断のヒューリスティックス」と言います。

例をあげると「日本人は控えめだ」、「アメリカ人は主張的だ」、「高価なものはよいものだ」といった判断などが、これにあてはまります。

＊Supplement＊

レッテルを貼りたがる高齢者

若者より高齢者のほうが、人や物事にレッテルを貼りたがる傾向があります。これは長年の人生経験から……というだけではなく、脳の神経細胞が減り情報処理能力が衰え、レッテルを貼らないことには脳が正常に機能しないという理由からかもしれません。企業の経営者が年を取り、急激な社会や技術の変化、消費者の変化の移り変わりなどを疎ましく感じるようなことがあれば引退するべきでしょう。変化を面白いと感じられなければ、新しくフィルターをかけ直して社会に対応していくことができないからです。

初対面後の印象の変化

当然のことですが、人は他者の人物像を判断する際、第一印象だけに頼っているわけではありません。その人とつき合いを深めていったり、自分自身が知識や経験を積み重ねていったりするうちに、その人の人物像が形作られていくのです。

たとえば、上司にはじめて会ったときに「冷たい」という印象をもったとしても、一緒に仕事をするなどして経験を積むと、「冷たい」だけの印象から「冷静沈着」という好イメージに広がっていくこともあるのです。逆に、経験の積み方によっては、「冷たい」という印象から、「自己中心的」というさらなるマイナスイメージを連想することもあります。

こういった知識や経験の積み方によって、以後「冷たい」印象をもつ別の人と出会った際に、その人への印象が「冷静沈着」か「自己中心的」か、どちらのイメージに広がっていくかが決まります。

心の仕組みをチェック! ❷

他者の行動を予測する三つの基準

レッテルを貼ると的中率はアップする

人は、他者の行動を予測するとき、特に意識はしていなくても、「性格的特徴」や「知的特徴」、そして「意欲的特徴」の三つを判断のよりどころにしています。

性格的特徴とは、やさしい、怒りっぽいなど、文字通り性格をあらわしたもので、知的特徴は頭の回転がよいか悪いかといったことを、意欲的特徴は活動的か否かをあらわします。

他者の行動は本来、予測することがとても難しいのですが、これらの特徴はどのような状況下でもあまり変化しないので、判断の目安にしやすいのです。

たとえば、非常に繊細な性格の部下に対してミスを改善させる場合も、「強く叱責すれば、泣き出してしまうかもしれない」といった予測を立てて、強く叱る以外の方法を取ろうとします。

こういった特徴を考慮した予測は、感覚的な予測よりも、格段に的中率が高くなります。つまり「この人はこういう人だ」というレッテルを貼ることで、他者が取る行動を理解しやすくなるのです。

・・・・・人間は他人の特徴を判断のよりどころにする・・・・

他者の特徴を知れば知るほど、行動は予測しやすくなります。つまり身近な人ほど、予測の的中率はアップする傾向にあるのです。

＊Supplement＊

間違ったレッテルを貼っていませんか？

レッテルを貼ることは、確かに他者の行動を予測するために有効ですが、すぐに「この人は、こういう人だから」と決めつけてしまうと、視野が狭くなるというデメリットもあります。「最初は嫌な奴だと思っていたけれど、つき合いを深めていくうちに、好印象をもつようになった」などという経験は、だれにでもあるかと思います。他者の特徴を正確につかむためには、じっくりと観察することが大切なのです。

心の仕組みをチェック！❸

何をするにも態度が必要

心理学における態度とは？

日常会話でもよく使われる「態度」という言葉ですが、社会心理学においては、多少意味合いが異なります。アメリカの社会心理学者オルポートは、「態度とは、個人が物事や状況に反応したときに影響を及ぼすもので、その個人の経験によって形作られた準備状態である」と定義しています。つまり態度とは、行動を起こす前の準備状態で、その人特有のものだと言いたいわけです。

特有のものですから、同じ状況下であっても、人によって態度は異なります。たとえば書店で本書を見かけても、「面白そう」と興味を示す人がいるいっぽうで、何の興味も示さない人もいるでしょう。

こういった態度の違いは、「社会心理学への興味」や「読書に対する重要性のとらえ方」といった、好みや知識などが人によって異なるからあらわれるのです。裏を返せば、態度という下地があるからこそ、物事に対する判断ができるともいえます。このことからも、態度は判断をするための「心のフィルター」と言ってよいでしょう。

・・・・人によって態度は異なる・・・・

性別や年齢を考慮することによって、態度の傾向をある程度推測できることもあります。

＊Supplement＊

態度は学習によっても身につく

筆者の解釈では、先に述べた「判断のためのフィルター」のほかに、「後天的に形成される」、「一定期間持続する」というふたつの特徴があると考えています。後天的に形成されるということは、たとえば学校などで「遅刻はいけない」という学習をした結果、身につくという意味です。これを判断のためのフィルターにすることで、遅刻をする人は好ましくない人だという判断ができます。こういった心の動きの傾向は、学校卒業後に就職してからも続くのと同じように、一定期間持続します。

態度がもつ役割

態度の役割として、筆者が特に強調したいのは、情報を処理する際の簡素化です。このメカニズムは、生物が環境に適応するために、生理状態を一定に調節する「ホメオスタシス（恒常性）」という機能からも説明できます。

たとえば、人の身体は一定量の水分、塩分、酸素などを必要としており、多くても少なくても生きていくことができないので、ホメオスタシスが必要になるわけです。

水分や塩分と同様に、脳にとっての情報も適量である必要があります。つまり情報という栄養分を一定量に保つために、ホメオスタシスが働いているわけです。脳が情報を得るときに、態度によってホメオスタシスを求めるのは、ごく自然なことなのです。

・・・・多すぎる情報を一定量に保つ・・・・

多すぎる情報は、態度によって簡素化することで、効率的に処理できます。

態度を形成する三つの要素

態度は「認知」、「感情」、「行動」の三つの成分で形成されています。

たとえば「社会心理学を学ぶのはよいことだ」という理由で本書の購入を決定することは、態度の認知的成分によって行われます。そして、健康心理学の本よりも社会心理学の本が好きで本書を選んだ場合、そこには態度の感情的成分がからんでいると言えます。また、書店の前を通りかかったときに、社会心理学の新刊が並んでいないかチェックしておこうと考えることを、態度の行動的成分として説明することができます。

このように認知（よし・悪し）、感情（好き・嫌い）、行動（近づきたい・避けたい）の三要素が複雑に作用して態度が形づくられます。

・・・・人間は無意識に態度をつくっている・・・・

態度は複雑な過程を経てつくられますが、人は無意識のうちにそれを行っています。

古典的条件づけによる勘違い

梅干しを想像するだけで唾液が出るという経験は、だれにでもあると思いますが、これは梅干しを食べたときに、生理現象として唾液が出ることを経験した結果、条件反射を身につけたからです。こういった条件反射を、心理学では「古典的条件づけ」と言います。

ドライブを楽しんでいるときに、カーラジオから流れた曲を好きになったとしましょう。いつもなら特に気にとめないような曲ですが、ドライブ中で気分がよかったので、好きになったのかもしれません。後日、別のシーンでこの曲を聴いたときに、ドライブをしたときのよい気分を条件反射的に思い出して、楽しい気分になることも古典的条件づけの作用で、態度形成に大いにかかわっています。

・・・・こんな条件反射もある・・・・

条件反射が起こるか否かは、もとになる経験をしたときの印象によって異なります。

態度は他人の評価にも影響される

自分の考えが他人から否定されて、意見が変わってしまった経験はないでしょうか？

たとえば、自分が面白いと思ったテレビ番組を人にすすめたところ「つまらなかった」と言われたら、その番組が本当に面白いのか、不安になってしまいます。反対に「面白かったよ」と言われた場合、その番組が面白いと感じる気持ちを、ずっともち続ける傾向があるのです。

こういった心の動きを、「オペラント条件付け」と呼んでいます。これは他人から賞賛されるなどの「報酬」をもらうことでその態度を持ち続け、反対に否定されるなどの「罰」を与えられることで、その態度を捨てるというものです。

・・・・人間はほめると同じ態度を取り続ける・・・・

報酬と罰を効果的に使うことで、他者の行動を誘導することも可能になります。

心の仕組みをチェック! ❹

人の心を動かすための心得

友人、知人には説得的コミュニケーションを

友人や知人と好きな音楽の話をしているときに、自分と相手の好みが違うのに、自分の好きな音楽について熱く語ってしまった……といった経験はないでしょうか? このように自分の好きなものを認めてもらいたいなどという理由で他者に働きかけることを「説得」と言います。つまり相手の態度を変えるための働きかけを指し、社会心理学ではこれを「説得的コミュニケーション」と呼びます。説得を定義すると次のようになり、暴力や命令による態度の変化とは異なることがわかります。

①説得者はひとりでも集団でもよく、説得の相手は個人でも集団でもよい
②変えるのは相手の態度・規範である
③説得は意図的な目標をもつ
④説得はコミュニケーションを通して行われる
⑤説得を受ける人に自由な選択の余地がある
⑥説得を受ける人は「自分は説得されている」という認知をもつ
⑦説得は必ずしも対面的である必要はない

こういった説得的コミュニケーションよって態度が変わることを、「態度変容」と言います。

・・・・人はいろいろなシーンで説得している・・・・

説得的コミュニケーションは、老若男女を問わず日常生活でひんぱんに行われています。

＊Supplement＊

似ているけれどまったく違う「説得」と「影響」

「説得」に似た概念として、「影響」があります。影響の定義は、「他者や集団等の態度、価値、規範を変えるためのあらゆる試み」というもので、説得もこれに含まれます。しかしイコールの関係ではありません。影響のなかには、暴力や武力などの脅しを用いた「強制」や、権力を背景にもつ「命令」、隔離・監禁・睡眠不足・食事制限・情報遮断・薬物投与などを伴う「洗脳」、そして相手を相手の知らないうちに操る「操作」が含まれますが、当然ながら説得という概念には、これらは含みません。

内面で考える吟味可能性モデル

赤い服を着ているあなたが、友人から「青い服のほうが似合うから着替えたら?」と、アドバイス(説得)をされたとき、どのような反応をするでしょうか?

本当に青い服が似合うのか、あるいは青い服が流行しているのか……。などと、アドバイスの意味をじっくりと考えてみる人が多いのではないでしょうか。そして、アドバイスを受け入れたときは、「確かに青い服が似合うな」、「そういえば青い服が流行しているな」といった具合に納得できているはずです。このように、心のなかでアドバイスの意味や妥当性を考えて説得を受け入れることは、「吟味可能性モデル」として研究されています。

吟味可能性モデルでは、説得的コミュニケーションによってアドバイスされた内容を、受け手が吟味しようと思う気持ちの強さや、アドバイスの内容を理解する知識の程度によって、態度変容がなされるか決まるとされています。

青い服をすすめられる例でいうと、吟味しようと思う気持ちの強さは、服装に対するこだわりに置き換えることができます。また、アドバイスの内容を理解する知識の程度は、ファッションセンスがあるか、ないかということに置き換えることができるでしょう。吟味しようと思う気持ちが弱かったり、アドバイスの内容を理解する知識が低かったりする場合は、態度変容を起こす可能性は低くなります。

また、アドバイスをする人の信憑性や外見的な魅力も、態度変容の有無にかかわります。

・・・・アドバイスの受け入れ方は送り手次第？・・・・

ファッションセンスがよい人ほど、服装に関する信憑性が高まります。つまり、おしゃれな人のアドバイスほど、他者に服装を変えさせやすいのです。

禁じられたゲームは魅力的になる

頭ごなしに強制されると、それに逆らってみたくなるのが人間です。子どもが母親に「ゲームをするのをやめて勉強をしなさい」と言われたにもかかわらず、ゲームをやめようとしない……など、よくある光景ではないでしょうか。自分は自由に振る舞っていいのだと思っているときに、その自由を奪われたり、奪おうとする脅威を感じたりすると、人は「心理的リアクタンス」を発生させます。

心理的リアクタンスとは、人が自由を侵害されたときに、その自由を回復しようとする心の動きのことで、社会心理学者のブレームによって研究されました。禁じられたことが大切であるほど、そして禁じられたことが多いほど、また強く禁じられるほど、心理的リアクタンスも大きくなります。つまり、ゲームをやめさせられた子どもの心理的リアクタンスは、ゲームが好きな子どもほど大きくなり、また何度もやめろと言われたり、厳しく叱られたりするほど大きくなるのです。

心理的リアクタンスが生じると、自分の行動を決めるのは自分自身だという感情を引き起こし、制限された行動に対する欲求や魅力は増加するいっぽうになります。反対に、強制された行動に対する欲求や魅力は減退します。ゲームをしたい子どもに、「ゲームをやめて勉強しなさい」と言うのは、かえってゲームの魅力を増大させ、勉強の魅力を減退させることになります。このとき子どもがゲームを続けることが難しいと感じれば、マンガを読むなど自分にとってゲームをするのと似た行動を取ろうとします。

・・・・制限されると魅力が増し強制されると魅力は減る・・・・

強く禁止されたことほど、魅力的に感じてしまうのは、だれにでも経験があることではないでしょうか。思い切って「禁止しない」というのも、よい方法かもしれません。

1章

知らないうちに心は動いている

人は自分自身の心を
自らの考えや信念によって
管理していると思いがちですが
実際は知らず知らずのうちに
心を動かされてしまっています。
この章ではそんな心の動きを
さまざまな角度から
解き明かしていきます。

心の動きと
行動の正当化

状況が自分の意見をコロリと変える

本心と行動が一致しないと……

自分が必ずしもそう思っていなくても、知らず知らずに態度が変わっていることがあります。たとえば、自分の買った洋服が、バーゲンセールで半額で売られていたとき「あのバーゲン品はきっと、傷ものなのよ」と、自分の行動を正当化するような考え方をしてしまうことは、ありませんか?

希望の大学に入れなかったときは、「大学の名前よりも、大学で何を学ぶかが重要だ」と自分を納得させる。見合い相手の条件に釣られて結婚した場合は、「条件だけではなく、好きになったから結婚したの」と思いこもうとする。このような心の動きは、ある事柄に対する認知と、それに関連する認知が一致しない「認知的不協和」によって起こります。「希望の大学に入れなかった」という認知に対して、「もっとよい大学に行きたかった」といった本心が引き起こす認知的不協和を解消、もしくは軽減しようとして、態度が変わるのです。こういった認知的不協和を解消、軽減する心の動きは、不快に感じる度合いが大きいほど、動機づけも大きくなります。

････思いこみが本心となることも…　････

認知的不協和を解消するための態度変容は、本心からそう思っているわけではないので、いわば自己暗示による態度変容だと言えます。ただし、自己暗示もきわまれば本心となり得ることから、必ずしも正当化や負け惜しみであると言いきれません。

Supplement

イソップ寓話に見る態度変容の例

認知的不協和による態度変容の例は、有名なイソップ寓話のなかにもあります。それは「すっぱいブドウ」という話です。キツネがおいしそうに実ったブドウを食べようと、ブドウの木に向かってジャンプしますが、どうしても実に届きません。ついにあきらめたキツネは、「こんなブドウは、きっとすっぱいはずだ」と負け惜しみを言って、立ち去ります。

報酬が高いとうそも平気になる？

懲罰や報酬によって他者に要求を飲ませることを「強制的承諾」と言い、これにも認知的不協和を伴います。

アメリカの心理学者フェスティンガーとカールスミスは、七十一人の男子学生を集め、強制的承諾実験を行いました。実験では、まず学生たちをひとりずつ実験室に呼び、いくつかの単純な反復作業を三十分間させました。その作業が終わると、別の部屋で待機している学生に「作業はじつに楽しく面白かった」と伝えるように指示しました。そして伝える報酬として、一ドルをもらうグループと、二十ドルをもらうグループを作りました。

実験後、学生たちに作業について本当の感想を聞いたところ、一ドルをもらうグループの学生のほうが、二十ドルをもらうグループの学生より、「作業は興味深く、楽しかった」と報告する傾向が強いという結果が出ました。

これは、一ドルをもらうグループの学生にとって、楽しくない作業をさせられたということ（認知）と、その作業は楽しかったとうそを告げてしまったこと（認知）の矛盾（不協和）の度合いが、二十ドルをもらうグループの学生よりも強いことを示します。強要されたとはいえ、たった一ドルの報酬でうそをついたと思いたくない学生は、「作業が面白かった」と思いこむことで自分の行動を正当化しようとしたのです。いっぽう二十ドルのグループの学生は、高い報酬をもらうという認知によって、自分の行動を〝これは仕事だ〟と正当化できるので、態度の変化は起こらなかったのです。

・・・・アロンソンらの実験でも正当化の条件が判明！・・・・

心理学者のアロンソンとカールスミスは、幼稚園で遊ぶ子どもたちをふたつのグループに分け、ひとつのグループにはおもちゃで遊ぶことを厳しく禁じ、もうひとつのグループには、同じおもちゃで遊ぶことを穏やかに禁じるという実験をしました。

ふたつのグループに対して別々の禁じ方をした

厳しい禁じ方

「そのおもちゃで遊んだら、私はとても怒り、全部のおもちゃをもって帰り、2度と幼稚園にこない」と言う。

穏やかな禁じ方

「そのおもちゃで遊んだら、私はとても困ってしまう」と言う。

実験結果

厳しく禁じられたグループのほうがおもちゃを魅力的に感じた

どちらのグループにも、おもちゃで遊んだ子どもはいませんでしたが、どちらのグループがおもちゃを魅力的に感じるかを調べたところ、穏やかに禁じられたグループのほうが、おもちゃを魅力的に感じない傾向が強いという結果が出ました。この結果から、穏やかに禁じられた子どもは、指示に逆らってまでも、おもちゃで遊ぶことを正当化できないので、おもちゃに対する魅力が減少したと考えることができます。

禁止されたおもちゃの魅力の評価

魅力の増減	増加する	変化しない	減少する
厳しい禁止	14人	8人	0人
穏やかな禁止	4人	10人	8人

同調行動と集団の影響❶

みんなと同じなら安心

同調するプロセスとは?

テレビを見ていると、こんなセリフを連呼しているショッピング番組やコマーシャルをよく目にします。「この商品はたくさんの人が使っています! あなたはまだ使っていないのですか?」……などと、まるでそれをもっていないと仲間はずれのようです。

しかし、実際に多くの人がその商品を使っている場合、それをもっていないことに不安を覚え、ろくに商品を吟味せずに購入してしまった……という経験はありませんか?

また、みんなでレストランへ食事に行って、料理を注文するとき、つい同行したメンバーと同じメニューを注文してしまうことはないでしょうか?

このような心の動きを「同調行動」と呼び、自分の態度や信念を集団の規範に合わせてしまうことを言います。同調行動が起こる仕組みは、認知的不協和からも説明できます。みんなが注文した料理と、自分が食べたい料理が異なっていると、それだけで認知的不協和が発生し、「自分もみんなと同じ料理を食べたかったんだ」と態度を変えるのです。

集団に同調しない場合

集団と自分との態度や、信念の違いがそれほど大きくなければ、人は自分が正しいと感じます。つまり、人は自分の態度や信念を押し通したときに、異端者扱いされる可能性を考えて、同調するか否かを決定するのです。

集団と態度や信念の違いが大きいにもかかわらず、同調行動を取らない場合、周囲の人々から注意を一斉に向けられて、集団の規範に沿った役割行動を取るように働きかけられます。それでも同調しない場合、人々によって集団から追放されることもあります。実際に、非行に走った子どもが勘当されたり、ワンマン社長が会社を追われたりすることは少なくありません。このように、人は社会集団の強さや怖さを、日常生活で体験しているのです。

＊Supplement＊

サクラに影響されると7割以上も間違いが増える

心理学者アッシュの実験は、集団の圧力を見事に証明しています。それは間違えようのない簡単なカードを使った問題を学生のグループに答えさせるというものでしたが、グループのなかにわざと間違った答えを言うサクラを混ぜることで、学生たちがサクラの答えに同調するか否かを調べるという狙いがありました。結果は、サクラにまったく影響されず正答を続けた学生は、全体の 26%にすぎませんでした。なお、サクラを使わずに答えさせた場合、150 回に 1 回しか答えを間違えませんでした。

情報によって態度が決まる

集団への同調行動を、「規範的影響」によるものと、「情報的影響」によるもののふたつに分けるという考え方があります。

規範的影響とは、集団からの承認や称賛を求め、集団に同調することで制裁を避けるという動機からくるものです。

いっぽうの情報的影響とは、他者や集団の意見と行動を正しいものとして受け入れ、それに合った態度や行動を取ることを言います。

人は、自分の意見や行動に自信がないときは特に情報からの影響を受けやすい傾向にあります。このふたつの影響を厳密に区別することは難しく、人が社会に同調する場合も、規範的影響と情報的影響の両者から影響を受けています。

・・・・日常生活での情報的影響の具体例・・・・

同じような商品が並んでいるときは、商品が減っているものに手を伸ばす。

同じような店が並んでいるときは、客がたくさん入っている店を選ぶ。

同調しやすい人の特徴

同調行動を示しやすい人と、同調行動をあまり示さない人がいることも、多くの研究者によって明らかにされています。例をあげると、「自己評価の低い人は同調しやすい」、「同調しやすい人は、そうでない人と比較して自責の念が強い」などがあります。

また、心理学者のクラッチフィールド、クローン、マーローらの研究で、同調行動を起こしやすい人は、次のような特質を備えていることがわかっています。

①社会的関係が未成熟である
②自信をもっていない
③性格が固く、権威主義的である
④社会からの承認を求めている
⑤知的な影響力をもたない

・・・・同調行動を起こしやすい人はこんな人？・・・・

権威主義的な性格の持ち主は、上司や経営者など、権威者に同調しやすい。

社会とのかかわりに自信がない人は、他者の行動や意見に同調しやすい。

同調行動と集団の影響❷

何となく傍観者になってしまう心理とは？

大勢いると責任が分散する

大通りの片隅で人が倒れている、家の外でだれかがけんかをして殴られている……こんなシーンに遭遇したとき、あなたはどのような行動を取るでしょうか？　多くの人が、「自分が助ける必要はない」、「だれかが助けるだろう」などと考え、状況を放置してしまいがちです。これを「傍観者効果」といいます。

一九六四年にアメリカのニューヨークで、キティという若い女性が暴漢に襲われて殺害される事件がありました。この事件の特異性は、目撃者が三十八人もいたにもかかわらず、見殺しにされた点です。彼女は三十五分も逃げ回ったり、叫び声やうめき声をあげたりしましたが、その様子をアパートの窓から見ていた人々は、だれも助けようとせず、警察にも通報しませんでした。彼女が息絶えたあと、ようやく目撃者のひとりが警察に届けました。

マスコミや知識人は、この事件における都会人の冷たさや、無関心さに注目しましたが、心理学者のラタネとダーリは事件の報告書を詳細に検討して、社会心理学的なアプローチで解釈を試みました。

ラタネとダーリによる社会心理学的アプローチからの事件解明

援助が必要とされている事態にもかかわらず、他者（傍観者）がいたので援助行動が抑制された。つまり、傍観者効果によって、キティは見殺しにされた。

傍観者効果を生んだふたつのポイント

（1）周囲からの影響過程

他者に見られることによって生じる効果（聴衆に起因する抑制）

もし、緊急事態に対処することになった場合、非日常的な行動を公衆の面前で取らなくてはならない。これを避けるために、冷静で動じない態度を保ち続けようとする。

他者を見ていることによって生じる効果（集合的無知）

危機的状況に直面したとき、人は他者の行動に手本を求めようとする。周囲の人が冷静な態度を取っていたので、自分も真似をする。

（2）責任の分散

事態に遭遇したのが自分ひとりの場合、その処理をする責任は、自分が負わなければならないが、大勢の人が見ていると、援助に対する責任の意識が薄れる。

結果

みんながこのような態度をとったため、結局だれも助けなかった！

人数が増えると人助けしない？

キティ事件の心理学的解釈を裏づける実験として、若い女性がイスから転げ落ちて、苦しそうにしている様子を見た被験者が、どう行動するのか確かめたものがあります。

この実験では、被験者がひとりでいた場合は、ほぼすべての被験者が女性を助けました。しかし、被験者を助けることに消極的なサクラを混ぜた場合は、援助しようとした被験者はわずかでした。この結果は、他者の存在が援助行動を抑制することを証明しています。

では、もしあなたが大勢を前に危機的状況に陥ったら、どうすればよいのでしょう？

答えは簡単です。「そこの赤い服を着ている人、助けてください！」といった具合に、大勢のなかから、ひとりを指名すればよいのです。

・・・・周囲が傍観していると危機意識が薄れる・・・・

周囲が傍観していると危機意識がうすれ、ひとりのときなら確実に行動を起こしているような危機的状況を目にしてもスルーしてしまう場合があります。

・・・・指名すると傍観者効果を防げる・・・・

不特定多数の群衆に向かって助けを求めても、傍観者効果によって救助されない可能性もあります。救助してくれそうな人を見つけて指名しましょう。

アメリカの心理学者チャルディーニは、田舎よりも都市のほうに傍観者効果が起こりやすいと言っています。

田舎よりも都市のほうが傍観者効果が起こりやすい３つの理由

（1）都市のほうが騒々しいことなどから、注意が散漫になりやすく、変化が顕著なので、自分が遭遇した出来事の性質を見きわめるのが困難である。

（2）都市環境のほうが、多くの人がいる。その結果、緊急かもしれない状況を目撃する場合、ほかの人がそばに居る可能性が高い。

（3）都市の住民のほうが、小さな町に住む住民よりも、知り合いの住民の割合がずっと少ない。そのため都市の住民のほうが、緊急事態を観察するとき、見知らぬ人のなかにいることが多い。

同調行動と集団の影響③

権威や多数派の意見にしたがってしまうのはなぜ？

権威にしたがうと鈍感になる!?

「長いものには巻かれろ」というように、人は多かれ少なかれ、権威にしたがってしまう性質があります。権威を振りかざして他者に圧力をかけることで、服従させる例は、日常生活を見ても枚挙にいとまがありません。

社会心理学者ミルグラムは、電気ショックを使った実験で、人がどの程度権威にしたがうのかを調べました。実験の内容は、まずふたりの被験者を、くじにより教師役と生徒役に振り分けます。次に、生徒役が電気イスに縛りつけられ、教師役である被験者が出す問題に間違うたびに、実験責任者の指示のもと、十五ボルト刻みで電気ショックを与えられるというものです。しかし、被験者のひとりは実験に協力するサクラで、本当の被験者が教師役に、サクラが生徒役になるように操作されていました。もちろん実際には電気イスに電気は流れず、サクラは苦しんでいるふりをするだけです。実験の結果は、ごく普通の人々が、初対面の相手に電気ショックを与え続け、最後には死に至るレベルの四百五十ボルトを与えるというショッキングなものでした。

ミルグラムの実験

生徒役が問題を間違えると、実験者の指示で教師役が段階的に電気ショックを与える。電気ショックの段階を上げることに被験者が抵抗を示すと、実験者は4回まで実験の続行をうながす勧告をする。電気ショックのスイッチには、「かすかなショック」（15〜60V)、「中程度のショック」(75〜120V)、「強いショック」(135〜180V)、「非常に強いショック」(195〜240V)、「激しいショック」（255〜300V)、「きわめて激しいショック」（315〜360V)、「危険・すごいショック」（375〜420V)、「XXX」（435〜450V）と強さに応じた注意書きがされていた。

62.5%もの人間が、最高レベルである450ボルトの電気ショックを与えた！

サクラは実際に電気を流されているふりをするだけだが、被験者は事前に45ボルトの弱い電気ショックを実際に受けて、装置が本物であると思いこまされていた。

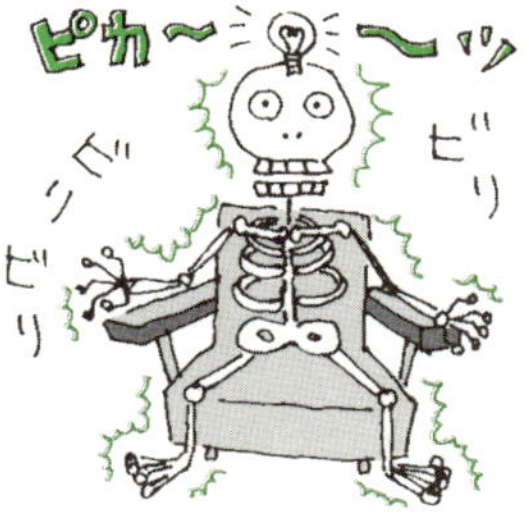

この実験から、人は権威にしたがわなければならない状況下に置かれると、自分は命令にしたがっているだけで、責任は権威者（実験者）にあると感じる「代理状態」になることがわかりました。代理状態に陥ると、権利者の言葉だけに敏感になってしまい、自分の傷つけている相手には鈍感になってしまいます。

集団で決めると意思が固まる

権威で押さえつける以外の方法では、集団で討議をした場合も、人は行動を変えやすいことがわかっています。

心理学者レヴィンは、第二次大戦中に、食糧難を解消するという時代の要請に応えるべく、主婦たちの食生活を変える実験に取り組んでいました。それは、牛の心臓、腎臓、膵《すい》臓《ぞう》といった臓物を家庭の食卓に供させるという試みです。

このとき、主婦たちをふたつのグループに分け、いっぽうのグループには、臓物の栄養価が高いことや、おいしく食べるための調理方法を講義し、もういっぽうのグループには、講義の代わりに「なぜ臓物を食料として用いないのか」ということを集団討議させせました。

結果、講義を受けたグループは、わずか三％の主婦が臓物を用いたに過ぎませんでしたが、集団討議をしたグループは、じつに三十二％もの主婦が臓物を食卓に供しました。この結果は、話を聞くだけより、議論に参加したほうが、より強く問題について意識できるということを示しています。

集団討議には危険性もある？

集団討議に参加した人々は、以前よりも態度が極端な方向に変化しやすいことが、アメリカの心理学者ストーナーによって発見されました。集団討議の前から賛成していた人たちは賛成する気持ちがより強くなり、反対していた人は反対する気持ちがより強くなるのです。

このように、集団からの影響で、極端に偏った方向へ態度を変えることを、「集団極性化」と言います。「〜したほうがよい」という程度の賛成だったのが、集団極性化によって「絶対に〜しなければならない」という風に、極端な態度になるのです。これによって柔軟な思考は失われ、集団はしばしば誤った決定を下すことになります。

国家レベルでの集団極性化

集団極性化が進むと、有能で教養がある人たちの集団でも、決定の質が落ちて、とんでもない過ちを犯すケースがあります。

アメリカの心理学者ジェニスは、その原因を集団内での意見統一を優先するあまり、不合理な意思決定を容認してしまう「集団思考」によるものだとしてます。ジェニスはアメリカ大統領のブレーンが集団思考に陥った例として、一九四一年のルーズベルト政権時の日本軍による真珠湾攻撃の防衛準備の失敗、一九六一年のケネディ政権時のキューバ・ピッグズ湾侵攻作戦の失敗、一九六四〜六七年のジョンソン政権時のベトナム戦争の拡大、一九七二年のニクソン大統領のウォーターゲート事件の隠蔽をあげています。

有言実行は意思を固めるのに有効

不言実行はとても難しい

人の意思は、決定を下したり、目標を決めたりすることで、より確実になります。社長になりたい、大学に合格したい、などという願望を自分のなかで目標として決めると、それをしない場合よりも、信念や意思は確固たるものになるのです。

定めた目標を自分の胸の内にとめておかずに、外部に公表することで、その拘束力はさらに強くなります。「試験に合格する」とみんなの前で公言して、必死に勉強をしてそれを実現した人は、「公言した手前、約束を実現せざるを得なくなる」という決定・公表効果をうまく利用したといえます。逆に不言実行の人が一目置かれるのは、言葉にしてしまえば実行しやすいことを、人々が知っているからでしょう。また、言葉にするだけではなく、心に決めたことを、文章として書くことも有効です。筆者の知人は、家族や友人、知人、上司、恩師といった大切な人に、「自分は今後一切禁煙する。いかなることがあっても実行する」と書いた手紙を出すことで煙草をやめることに成功しました。

・・・・決定・公表をすると、あとに引けなくなる？・・・・

意思を固めたいときに宣言する相手は、自分が大切にしている人ほど効果的です。

＊Supplement＊

企業でも使われる決定・公表効果

決定、公表効果は、企業においても多くのシーンで利用されています。たとえば、ある課題について満場一致で達した結論を社員全員に守らせたいときは、その討論に参加した人の名前を掲示板で発表したり、社内報に載せたりします。全員一致の結論でない場合は、賛成者の名前を公表し、場合によっては反対者の名前も公表します。これにより、社員の課題に対する意識は一段と高まり、公表された通りの行動を取らざるを得なくなるのです。

公表によって迷いにくくなる

被験者が他者の判断を聞かされる前に、自分の判断を紙に書きとめておくという実験があります。その結果によると、最初に自分の判断を紙に書き記しておくことで、他者の判断に惑わされにくくなるということがわかっています。

また、ある実験では、五十一人の被験者を対象に、たくさんの点が写っているスライドを、三秒間だけスクリーンに映写して見せました。そして、被験者に各スライドに写っている点の数を当てるように求めました。このとき、被験者は実験者が用意したサクラと一緒になって実験を受けており、サクラはスクリーンに写った点の数を、いかなる場合も実際の数より多く言うように、事前に決められていました。

この実験は、スライドが映写されたあと、サクラがまず数を答え、次に被験者が判断するパターンと、被験者が判断してからサクラが数を答え、被験者が再度判断するパターンのふたつの条件下で行われました。その結果、サクラの判断が被験者に大きく影響したのは、前者の条件でした。

公表すると態度が変わるのはなぜ？

自分の心のなかにだけとめていた意見や信念よりも、公表した意見や信念のほうが態度を変化させやすい理由のひとつとして、集団からの影響があげられます。

集団に属する個人が、集団の価値や規範に適合しないような意見をもっている場合、集団は個人の意見を、集団の価値や規範に合うように変える働きがあるのです。逆に個人の態度や意見が集団にマッチしている場合、集団はそれをキープするように作用します。

人が公表された意見を大切にするのは、他者からの嘲笑や非難、評価の低下を招くことを恐れるためだといえます。公表された意見が本心ではなくても、それに沿うように態度を変えるのです。

＊Supplement＊
中国の洗脳プログラム

１９５０年にはじまった朝鮮戦争の際、中国共産党は米兵の捕虜に対して、決定や公表による効果を十二分に利用したといわれています。これは「中国の洗脳プログラム」として、心理学者シャインが研究しています。それによると、「アメリカは完全ではない」といった米兵にも受容できるようなエッセイを書かせて、次にそのように思う理由をリストアップさせ、ほかの米兵たちの前で読み上げさせました。そして、さらに詳しく書かせたものを収容所内の捕虜や韓国に駐留している米兵たちに向けてラジオで放送するというものです。エッセイを書かされた米兵たちは、次第に共産主義へと感化されていきました。

同調行動と集団の影響⑤

流行に乗りたくなるのはなぜ？

流行が生まれるメカニズム

流行はどのようにして生まれるのでしょうか？　新しいアイデアや品物のことを「イノベーション」と言いますが、それが流行として広がっていく過程をアメリカの社会学者ロジャーズが研究しています。イノベーションを早期から取り入れて、実践する人のことを「イノベーター」と呼びますが、この段階ではまだまだイノベーターは異端の存在です。

たとえば、男性なのにスカートをはくことを実践したイノベーターは、当初は珍しがられて、異端視されるでしょう。しかしテレビで人気のあるタレントたちが、スカートをはきだしたらどうでしょう？　一般の男性のなかにもスカートをはく人が増えてくるはずです。やがて多くの人が取り入れて、流行が生まれます。流行の規模によっては、今度はスカートをはかない男性が異端視されるケースもあります。しかし流行はやがて衰退し、おしゃれな人が見向きもしなくなってから、スカートを取り入れる流行遅れの男性が出現します。そして、いつしかだれもスカートを身につけなくなり、流行は終わりを迎えます。

・・・・流行の広がりと終わり・・・・

①イノベーターが取り入れる
②流行に敏感な人が取り入れる
③一般の人が取り入れる
④流行遅れの人が取り入れる

同調行動が流行のカギを握る

テレビドラマでタレントが使っている商品に魅了された視聴者が、自分も同じ商品を使ってみる……こういった流行に乗ろうとする心理は、先述したように同調行動（四六ページ）によって説明できます。

そのいっぽうで、流行を初期から採用するイノベーターは、自己顕示や自己主張、個性化や差別化といった動機から流行を取り入れます。しかし、自己顕示欲にかられて流行を取り入れたとしても、それを受け入れる少数の仲間がいる以上、同調しているといえます。

流行をあとから取り入れる人は、自分も社会の一員でありたいという社会的帰属の動機から、流行を受け入れます。こういった「自分もみんなと同じでいたい」という欲求の根底には、社会からの制裁や懲罰を免れたいという気持ちがあるのです。

＊Supplement＊

流行に敏感な人の特徴

アメリカの社会学者ロジャーズによると、イノベーションを早くから取り入れる人は、コミュニケーションにおいて「社会参加度が高い」、「情報探索により積極的である」、「イノベーションに関する知識を多くもつ」という特徴があります。また、社会経済的に高い地位をもつという特徴もあるとされ、「教育水準が高い」、「読み書きの能力が高い」、「社会的地位が高い」などと言われています。流行するものと不発に終わるものを見抜いて、流行するものだけをうまく取り入れるのには、それなりの素養が必要ということでしょう。

・・・・同じ格好でも流行を取り入れる心理は違う？・・・・

流行を発信する人
俺はみんなと
同じじゃないぜ!
早い段階から流行を受け入れる人
俺はほかの人より
おしゃれだよ!
流行が広がってから真似をする人
僕はみんなの仲間です!
流行に乗り遅れる人
みんな、僕を
おいていかないで…

2章

心を動かす人、動かされる人

心が動きやすい人と
動きにくい人の違いは
どこにあるのでしょうか。
その答えはひとつではありません。
性格、性別、年齢といった
いろいろな要因があるのです。
この章では、両者の特徴を
数々の実験結果から解説します。

心を
動かす人
❶

信頼できそうな人の意見が他者の心を動かす

信憑性と説得力

信憑性が高いと感じる情報ほど、人は心を動かされやすいものです。そのためスポーツ用品の広告ではプロスポーツ選手が起用されますし、ニュースキャスターはみんなスーツを着てきちんとした身なりをしています。歯みがき粉や入れ歯用の接着剤のテレビコマーシャルで、白衣の人が商品を紹介するのも商品の信憑性を高めるためです。

説得者の信憑性が高いと説得効果が高まるということは、アメリカの心理学者ホヴランドらの実験によって検証されています。実験では、学生をふたつのグループに分けて、いっぽうには信憑性の高い説得文章を読ませ、もういっぽうには信憑性の低い情報源の説得文章を読ませました。そして説得文章を読む前とあとで、学生の意見がどう変わるのかを調べたのです。

その結果、説得文章と同じ意見に変わった人の割合は、高信憑性グループでは二十三%だったのに対し、低信憑性グループでは七%しかありませんでした。情報源の信憑度が非常に大きく影響したことがわかります。

・・・・信憑性をアピールするテレビコマーシャル・・・・

テレビコマーシャルで視聴者の心を動かすには、信憑性が不可欠です。そのため歯ブラシなどの CM でも医師をイメージさせる白衣を出演者に着せて、専門性が高く、信頼できる人物が紹介する商品であることを強調しているのです。

＊Supplement＊

ケルマンとホヴランドの実験

信憑性と説得効果の関係については、アメリカの心理学者ケルマンとホヴランドによる実験もあります。この実験では非行少年を寛大に処置しよう、という内容のスピーチを被験者に聞かせました。スピーチする人は少年裁判所の判事、スタジオの観客のひとり、前科のある元非行少年の３名。実験の結果、少年裁判所判事の説得効果がもっとも高くなりました。

心を動かす人❷

名刺の肩書きが立派な人ほど他者の心を動かしやすい

信憑性は何で決まる?

説得者の信憑性はどのような要素に左右されるのでしょうか。アメリカの心理学者ホヴランドらは、信憑性の構成要素として、「専門性」と「信頼性」のふたつをあげています。

専門性とは、話し手がトピックにどれだけ精通しているか、ということです。これは説得者の資格、学歴、職業、教育、経験、能力などから判断されます。名刺に書かれた肩書きなどは、専門性を判断するかっこうの材料と言えるでしょう。

信頼性とは、説得者がどれだけ信頼できる人物か、ということです。性格の真面目さ、説得意図の有無、説得の結果が話し手に利益を与えるか否か、などによって信頼性が判断されます。

また、信憑性を構成するのは「安全性」「資格性」「力動性」の三つだとする説もあります。安全性は信頼性、資格性は専門性とほぼ同じだと考えてください。力動性というのは口調の力強さをあらわします。小さな声で弱々しく話すより、エネルギッシュで力強い口調のほうが説得力があるということです。

・・・・名刺の肩書きで相手の態度は変わる・・・・

名刺に記される肩書きによって相手の態度が変わることは珍しくありません。もっともらしい肩書きがついていたほうが、相手の心を動かしやすくなるはずです。

＊Supplement＊

豊川信用金庫のデマ騒動

１９７３年、「豊川信用金庫が危ない」という事実無根のうわさが広がり、約６６００人が豊川信用金庫から貯金を下ろす騒ぎになったことがあります。この騒動の詳細を調査したところ、豊川信用金庫に就職が内定している生徒を含む、ある女子高生グループの何気ない会話が発端だとわかりました。このうわさを聞いたのが、豊川信用金庫に預金をしている人たちだったので、大事件にまで発展しました。

心を
動かす人
❸

くり返し誠意を見せる人ほど他者の心を動かしやすい

説得効果はいつまで続く？

信憑性の高い人は説得効果も大きくなります。しかし、その効果はずっと続くわけではありません。ホヴランドとワイスによれば、信憑性の高い人に説得されても、時間とともに説得効果はうすれていきます。そして興味深いことに、信憑性の低い人に説得された場合は、時間の経過とともに説得効果が上昇していくのです。このような時間の経過による説得効果の上昇を「スリーパー効果」と言います。説得から約一か月経った時点では、信憑性の高い人による説得効果と信憑性の低い人による説得効果は、ほぼ差がなくなります。

つまり、説得者の信憑性は説得直後の効果に大きな影響を与えますが、時間が経つにつれ、その差はなくなっていきます。このような現象が起きる理由は、時間の経過とともに説得内容と説得者との結びつきが弱まり、信憑性による影響が徐々にうすれていくからだと考えられます。

したがって、継続して高い説得効果を与えたい場合には、信憑性の高い説得者によって、定期的に説得する必要があります。

・・・・何度も話せば説得効果を維持できる・・・・

どれだけ信憑性の高い人が説得しても、その効果は1か月ほどで消えてしまいます。高い説得効果を維持するには、一度きりの説得ではダメなのです。

＊Supplement＊

説得の意図とスリーパー効果

説得の意図が聞き手にわかってしまうと、通常は説得効果が下がります。そして時間が経って、聞き手が説得の意図を忘れれば、スリーパー効果が生まれます。ただし聞き手が話し手に対して十分な信頼や好意を感じている場合は、説得の意図を明らかにしても、説得効果は変わりません。したがってスリーパー効果も発生しないと考えられます。

心を動かす人 ❹

魅力的な人物ほど他者の心を動かしやすい

魅力と説得効果

魅力のない人より、魅力的な人に説得されたほうが心は動きやすいものです。魅力的な人は聞き手に好意をもたれやすく、説得効果が高くなるのです。人の魅力を決める要因としては次のようなものがあります。

●空間的近接と単純接触
相手との距離と接触回数のこと。人は身近にあるものや、頻繁に会う人を好きになります。

●身体的・外見的魅力
人は美しい人に惹かれます。

●類似性・相補性
人は自分と似ている人と、自分にないものをもっている人に惹かれます。

●好意
人は自分に好意をもつ人を好きになります。

●性格
人は性格のよい人を好きになります。

●ユーモア
人は面白い人に惹かれます。

●身体言語・表情・視線
人はジェスチャーや表情や視線にも好ましい印象をもちます。

・・・・魅力的な人の要請は承諾されやすい・・・・

魅力的な人は他者に好意をもたれやすく、日常生活で得をする場面が多いはずです。魅力を決定する要素は外見的なもの以外にも多々あるので、努力によって魅力的な人物になることも可能でしょう。

＊Supplement＊

魅力的な女性は男性を説得しやすい

魅力と説得の関係について、女性が男性を説得する場合の影響を調べた実験もあります。この実験では魅力的な女性と魅力的ではない女性に男性を説得させました。すると魅力的な女性のほうが男性を説得しやすい、という結果になったのです。なお、この実験では説得者の女性は説得意図があることを男性に伝えており、話し手が魅力的な場合には説得意図を明かしても高い承諾率を得られると考えられます。

心を
動かす人
⑤

近くにいることを心がけると心を動かしやすい

近接の効果と単純接触効果

近くにいる人同士が、お互いに好意をもちやすいということは、これまでいくつもの実験で検証されています。認知的不協和理論を提唱した心理学者フェスティンガーの調査では、大学寮に住む既婚者たちが、部屋の近い者同士で交際していたことがわかりました。

物理的に遠く離れている人同士がやり取りをする場合、電車で移動したり、電話やメールを使ったり、いろいろな手段が考えられますが、いずれも労力、金銭、時間などのコストがかかります。近くにいる相手なら、すぐに会って、話をしたり頼みを聞いてもらったりできます。つまり少ないコストで利益を得られるため、近くにいる人を好きになるのです。これを「近接の効果」と言います。

また、人には、ひんぱんに接触するものを好きになるという傾向もあります。よく会う人には好意を感じやすいのです。これは「単純接触効果」と呼ばれています。

なお、近接の効果は単純接触効果を伴って生じます。近くにいるだけでなく、何度も接触することが重要なのです。

・・・・人は馴染みのあるものには好意をもつ・・・・

ひんぱんに会う人に好意を感じるというのは、だれでも共感できる心理ではないでしょうか。なお、馴染みのあるものを好むという傾向は、人だけでなく、物や音楽などに対しても同じです。

＊Supplement＊

単純接触効果によって強い悪意が生まれることも…

アメリカの警察のデータによれば、強盗は見知らぬ人より、知人の家に押し入るケースのほうが多いことがわかっています。また、凶悪な暴行事件も知人や友人、家族の間で起こりやすく、殺人事件の３分の１は家族間で発生しているそうです。

心を動かす人 ❻

美人は他者の心を動かしやすい

美人が好まれる理由

「美人は得」というのはだれもが感じていることでしょう。何か頼みごとをする場合でも、美しい人のほうが相手に聞き入れてもらえる確率が高くなります。

美人は注目されやすく、かつ好意をもたれやすいので、人の心を動かしやすいのです。なお、身体的な魅力によって説得力が高まるのは、異性間にかぎったことではありません。美しい人は性別を問わず高い説得効果を与えることがわかっています。

心理学者のダイオンによれば、美しい人は理想的な性格をもっていて、将来有望だとみなされるといいます。映画やアニメの登場人物を思い出してみましょう。主人公をはじめ、性格のよいキャラクターは、たいていの場合、整った美しい顔をしています。逆に性格の悪いキャラクターは、美しい顔というより、個性的な顔だちをしています。私たちは小さい頃からこのような映画やアニメなどによって、美が善であり、成功と結びついていることを刷り込まれているので、美しい人に好意を感じるのでしょう。

・・・・美人の要請は承諾されやすい・・・・

外見的な魅力は初対面の人に対してもすぐに伝わります。出会いの初期段階では特に重用視される要素でしょう。

＊Supplement＊

きれいすぎるのも考えもの？

同性の場合、美人に対してねたみや嫉妬心が生まれ、説得効果が下がる可能性があります。また、美しすぎると聞き手が外見に気をとらわれすぎて話の内容が伝わらなかったり、過剰な好意がトラブルを生んだり……ということも考えられます。

心を動かす人⑦

似た者同士は心を動かしやすい

類似性は説得効果を高める

出身地が同じ、服装の趣味が同じなど、自分と似た部分がある人に好意を抱くというのは、だれにでも理解できる心理作用ではないでしょうか。実験でも話し手が類似性をもっていると説得効果が上がることが証明されています。たとえばある実験では、歯を手入れするように黒人の中学生を説得する場合、白人歯科医より、黒人歯科医の言葉のほうが効果的だということがわかりました。

この実験では「歯科医の説得」という専門性はどちらも同じでしたが、類似性と専門性とで比較したとき、説得効果に与える影響が大きいのはどちらでしょうか。これまでに行われている実験の結果を総合すると、個人的な趣味や生活スタイルに関しては専門性より類似性が強く影響し、病気の対処方法など客観的な判断が必要になる場合は専門性が重視されると考えられます。

いずれにしても、類似性が説得効果を高めるのは間違いないでしょう。特に、態度や道徳、背景、外見のいずれかに類似性がある場合は、説得効果に与える影響が大きいようです。

・・・・類似性をアピールする営業マン・・・・

出身地や趣味など、相手との類似性を強調すれば、説得交渉がスムーズに進むでしょう。これは、自分に似ているものが正当性を保証してくれるからだと考えられます。また、自分と似た人の行動は予測しやすく、関係を容易に維持できるという理由もあります。

＊Supplement＊

自分と同じ欠点を相手がもっていたら…

相手が自分と同じ欠点をもっている場合、好意をもてるでしょうか？　自分の嫌いな部分を相手のなかに見るわけですから、類似性の効果は期待できません。ただし不良グループのように、一般的な欠点がマイナスと見なされないような集団のなかでは、共通の欠点をもつ人の間にも、類似性の原理が働く場合もあるようです。

心を動かす人 ❽

面白い人は他者の心を動かしやすい

ユーモアの効果

テレビコマーシャルや雑誌の広告にはユーモアに富んだものがあります。ユーモアを用いると、受け手に好意を与えることができ、説得効果が高まりますし、注目度も上がります。お笑い芸人が女性にモテるのも、ユーモアが好意を喚起するためでしょう。

筆者らが行った「テレビCMに見られる説得テクニック」の調査でも、ユーモアの効果は確認されています。調査では過去一年間を対象とした場合と過去二十年間を対象とした場合とで、それぞれ「好感のもてるCM」をあげてもらいました。その結果、いずれも一位になったのはユーモアCMでした。

セールスマンが客に商品をすすめる場合などでも、ユーモアを用いれば相手の好意を喚起して、説得効果を高めることができます。

ただし極端に攻撃的なジョークや、場をわきまえないユーモアは、好意を得られないばかりか、不真面目、不謹慎と取られて敵意につながる可能性があります。真剣な会議中にダジャレを連発すれば、信頼を失うのは火を見るより明らかです。

・・・・ユーモアは相手に好意を与える・・・・

日常生活でもユーモアを用いれば、相手に好意を与えられます。ただし前述したように不適切に用いると逆効果になる場合もあるので、状況にあったユーモアを適度に用いるようにしましょう。

＊Supplement＊

他者の悪口は控えたほうがいい？

ユーモアは悪気を感じない「遊戯的ユーモア」と、毒舌と呼ばれるような「攻撃的ユーモア」のふたつに分けられますが、攻撃的ユーモアが多い場合は説得効果が下がり、遊戯的ユーモアが多い場合は説得効果が上がるという研究結果もあります。攻撃的ユーモアは多用しないほうが無難かもしれません。

心を
動かされる人
❶

自分にないものをもっている人に心を動かされやすい

相補性の原理

前述した通り、人には、自分と似ている人に惹かれる性質がありますが、そのいっぽうで、自分にないものをもっている人に惹かれる「相補性」という性質ももっています。相手に、自分にないものや欠けている部分を見つけると、憧れの気持ちや補足欲求が働いて、魅力を感じるのです。気立てのよい魅力的な女性が、あまりぱっとしない男性とつき合っているケースなどは、典型的な例でしょう。そもそも男性が女性に惹かれ、女性が男性に惹かれるのも、相補性の原理が働いているからだといえます。人は、自分にないものを異性に感じて、お互いに惹かれ合うのです。なお、相補性と同調性は異なる特性に対して働くため、ひとりの人に対して相補性と同調性の両方を感じることもあります。

自分と異なるものに惹かれるという相補性の原理は、多様性を生み、種を存続させるために不可欠な自然の法則だと考えることもできます。もし似た者同士ばかりが結ばれるとすれば、種の多様性は失われ、環境の変化に対応できなくなるのではないでしょうか。

・・・・自分と違う人を好きになる「相補性」・・・・

なんて
あたたかそうな人なんだ…
なんて
クールなんでしょう♥

痩せ型の人と太り気味の人、無口な人とよくしゃべる人など、異なる特性をもっている人は、磁石のプラスとマイナスのように、お互いに惹かれ合います。自分に欠けているものを補おうとする気持ちが、相手に対する好意を生むのです。

＊Supplement＊

相補性と類似性

相補性と類似性は、それぞれ異なる個人特性に対して働きます。体重、体格、気質、性格など遺伝子レベルで決定する要素には相補性の原理が働き、後天的に形成される要素である趣味、思考、学歴、信条、ライフスタイルなどには類似性の法則が働きます。

心を
動かされる人
❷

自分が好きな人には心を動かされやすい

好意を示せば好意が返ってくる

人は好意や賞賛に弱いものです。「素敵な人ですね」と言われれば、それがお世辞だとわかっていても悪い気はしないでしょう。人に好意を示すと、相手も自分に好意をもってくれます。好意をもたれれば、相手の心を動かすのも容易になります。特に重要でない事柄なら、「よい人だから」という理由だけで承諾することもあるでしょう。

ただし、好意や賞賛は適切な状況で用いなければ効果を発揮しません。たとえば家が火事になって必死で逃げようとしているときにほめられても、いい気分にはならないでしょうし、場違いなことを言う相手に敵意さえ感じるかもしれません。また、ほめられて最初は好意を感じても、しつこく何度も繰り返し言われると、嫌みや皮肉に聞こえることもあります。

好意を示すと相手からも好意が返ってくる図式はわかりやすいものですが、好意を示すと、自分自身がさらに相手を好きになることもあります。これは一章でも触れた認知的不協和が働くためです。

・・・・場違いな場面で好意を示すと逆効果・・・・

よほど場違いなシーンでなければ、好意を示せばたいていは相手も好意をもってくれます。相手が好意をもってくれれば、説得にも応じてくれやすくなりますし、相手の心を動かすのが容易になります。

＊Supplement＊

好意的行動は自分にも影響を与える

他者に対して親切にすると、認知的不協和を解消するために、自分自身の好意がより大きく増す場合があります。谷崎潤一郎の小説『痴人の愛』の主人公は、ナオミという女性を自分好みの女にしようと手を尽くします。そしてどんどんのめりこんでいき、彼女が浮気していることを知りながらも、彼女を養い続けます。これも好意を施すことで自分が相手を好きになってしまう一例でしょう。

心を
動かされる人
❸

シャイな人ほど心を動かされやすい

自尊感情と被説得性

他者の意見に心を動かされやすい人と、動かされにくい人は何が違うのでしょうか。説得されやすい人と説得されにくい人の特性について、多くの研究がなされています。

説得に対する感受性を「被説得性」と言います。説得されやすさと言い換えたほうがわかりやすいかもしれません。被説得性は「一般的被説得性」と「特殊的被説得性」のふたつに分けられます。一般的被説得性とは、説得方法や説得者、説得内容、説得場所にかかわらない被説得性のことです。特殊的被説得性とは、ある特定の条件における被説得性のことです。

一般的被説得性はいくつかの個人的特性と関連しており、もっとも研究されているのが、「自尊感情」との関連についてです。

自尊感情とは、自分を尊ぶ感情、簡単に言えば自信のことです。多くの研究によって、自尊感情の低い人ほど、高い被説得性を示すことがわかっています。つまり、自信のない人ほど、他者の意見に左右されやすい傾向にあるのです。

・・・・自尊心が弱い人は心を動かされやすい・・・・

自尊心が弱い人は、説得に応じやすい傾向があります。説得者や説得の内容に信憑性がなくても相手の要請を受け入れてしまうことがあるので、悪徳商法や宗教カルトにとっては、かっこうのターゲットと言えるでしょう。

＊Supplement＊

一般的被説得性が注目されたきっかけ

一般的被説得性の存在をはじめて示唆したのは、アメリカの心理学者ジェニスの研究です。彼は「風邪治療の可能性」「食肉供給の将来」「米国における映画産業の将来」という３テーマについて、７８人の男子学生の意見を調べ、説得的コミュニケーションを行ったあとに再び学生の意見を調べました。すると４１％の被験者がすべてのテーマにおいて、説得した方向へと意見を変化させたのです。

心を
動かされる人
④

人の目を気にする人ほど心を動かされやすい

他者の目を気にする人としない人

被説得性に影響する特性のひとつに、「セルフ・モニタリング」というものがあります。ひとことで言うと、〝他者の目を気にする度合い〟のことです。人は、セルフ・モニタリングの度合いによって「ロー・セルフ・モニター」と「ハイ・セルフ・モニター」のいずれかに分けられます。

ロー・セルフ・モニターは自分の判断、感情に重きをおいて行動します。適切な行動がわからない状況でも、自分の信念にしたがって行動します。他者のために自分の意見を変えることがないので、状況や相手によって意見が変わることはありません。

ハイ・セルフ・モニターは他者から自分がどう見えているかを重要視して行動します。適切な行動がわからないときには、他者の行動を基準にします。そのため自分と他者の意見が異なる場合や、自己のイメージを左右するような場面では、自分の意見を変えやすくなります。

つまり、人の目を気にする人ほど、他者の意見によって心を動かされやすいのです。

・・・・ハイ・セルフ・モニターとロー・セルフ・モニター・・・・

「ハイ・セルフ・モニター」と「ロー・セルフ・モニター」は、それぞれ行動基準が異なります。基本的にハイ・セルフ・モニターは説得の影響を受けやすく、ロー・セルフ・モニターは影響を受けにくい傾向があります。

心を
動かされる人
⑤

権威好きな人ほど心を動かされやすい

権威主義的性格の特徴

被説得性と関係が深い特性のひとつに「権威主義的性格」というものがあります。

●**因襲主義**
伝統や中産階級のもつ価値に対する執着

●**権威主義的服従**
権威に対する無批判的な態度

●**権威主義的攻撃**
因襲を破る人への攻撃

●**内省化への反抗**
空想性や優しさを拒否

●**迷信・紋切型思考**
運命への信仰など、かたい枠のある考え方

●**力とたくましさへの信仰**
権力者との同一化、強さの主張

●**破壊性とシニシズム（犬儒主義）**
一般化された敵意、人間への冒涜

これらの傾向が強い人は、権威主義的な面があると言えます。権威主義的性格をもつ人は、権威者の説得に弱く、情報発信者に権威があれば、話の内容を深く吟味せずに承諾する可能性があります。

・・・・権威主義的性格の人は権威に弱い・・・・

権威主義的性格の人は説得の内容よりも権威を重視しがちです。商品を購入する場合などでも、学者が推薦していたり、地位の高い人が使っていたりと、権威の裏づけがあるものを選びやすくなります。

＊Supplement＊

権威主義的性格と家庭環境

権威主義的性格をもつ人の父親は、厳格、仕事熱心、真面目という特徴が見られ、母親は自己犠牲的、従属的、親切、道徳的という特徴が見られるというデータがあります。権威主義的性格がどのように形成されるかははっきりとわかっていませんが、家庭環境が大きく影響しているのは間違いなさそうです。

心を
動かされる人
❻

平和主義者は心を動かされやすい

攻撃性と被説得性

被説得性を左右する特性はいくつもありますが、そのひとつに攻撃性があります。攻撃性の高い人より攻撃性の低い人のほうが、他者の意見に心を動かされやすいような気がしますが、実際のところはどうなのでしょうか。

攻撃性と被説得性の関係について、何人かの学者が研究を行っており、ジェニスとフィールドの研究では、攻撃性と被説得性の間に、関連は見られませんでした。いっぽうで、ワイスとファインの研究では、攻撃性の高い人は、攻撃的な行動を取るようにうながされた場合には、説得に応じやすいという結果が出ています。

しかし、ジェニスの初期の研究では、攻撃性の高い人は説得されにくく、攻撃性の低い人は説得されやすい、という傾向が見られましたし、同様の結果になった研究はほかにも複数あります。

実験の結果は分かれているものの、これまでの研究結果を総合すると、攻撃的な人よりおとなしい人のほうが説得しやすいのは間違いないでしょう。

・・・・攻撃的な人は説得されにくい・・・・

攻撃的な性格の人は、容易に説得できないと考えておいたほうがよいでしょう。もしあなたが営業マンなら、攻撃的な客に対してしつこく商品をすすめても、よい結果は得られないと思われます。

＊Supplement＊

攻撃性と被説得性に関する研究

攻撃的な人が説得されにくいということは、複数の研究で検証されています。たとえばある研究では、個人の短気さを仲間のせいにしやすい人、他者に批判的・敵対的な態度をとる人、目上の人間と話すときに敬称を省く人は、他者からの説得に影響されにくいという結果が出ています。

想像力が豊かな人は心を動かされやすい

想像力の豊かさと被説得性

被説得性には、想像力の豊かさも関連しています。ジェニス、フィールド、ライフの三人の心理学者が、興味深い研究を行っているので紹介しましょう。

彼らは、説得による態度変容の原因は、説得に応じた際に得られるメリットへの期待であると仮定しました。この仮定が正しいとするならば、想像力のある人は、説得に応じたあとの未来を明確に予想できるため、説得に応じる可能性が高くなると考えられます。そして彼らの研究では、おおむね仮定した通りの結果が出たのです。

彼らの実験は、精神病院の男性患者を被験者にした場合と、正常者を被験者にした場合とで行われました。

結果、精神病院の男性患者と正常者の男性には、想像力の豊かな人ほど説得の影響を受けやすい、という傾向が見られました。正常者の女性にはそのような傾向が見られなかったものの、少なくとも男性については、想像力が豊かな人ほど他者の意見に影響されやすいといえるでしょう。

・・・・豊かな想像力が説得効果を高める・・・・

想像力が乏しい人は、説得時に呈示された内容だけで承諾か否かを決めますが、想像力の豊かな人は、説得に応じることで変化する未来を明確にイメージできます。その結果、説得に応じやすくなると考えられます。

心を
動かされる人
❽

頭のよい人ほど心を動かされやすい？

知性と被説得性

知的レベルも被説得性と関係があります。頭のよい人は説得にはなかなか応じないのではないか……と思われがちですが、じつはそんなことはありません。頭のよい人のほうが、普通の人より心を動かされやすい場合もあるのです。

知的レベルと披説得性の関係については、いくつかの研究がなされています。ホヴランドらは、それらの研究結果をもとに、知的な人は非論理的な説得には応じないが、論理的な説得に対しては影響を受けやすい、という推察をしています。

知的水準と被説得性の間に関連が見られなかった実験も複数あるのですが、それらの実験は、説得コミュニケーション自体を理解できない被験者が含まれている可能性があるなど、一般的な条件とはいいがたい点があるので、無視してもかまわないでしょう。

現時点での結論としては、ホヴランドらが推察したように、理にかなった説得ならば知的な人のほうが、心を動かされやすいと考えて間違いなさそうです。

・・・・知的な人は論理的説得に影響されやすい・・・・

我が社の雑用ロボ「ザッツ君」を使えばゴミの分別モードで社員の手間が今までの2割はぶけ、仕事がはかどりますし、お茶入れ、かたもみによる社員のヤル気は1.5倍に!! 会議が行きづまった時のためのほぐしモードでは、瞬間芸をいたしまして、社員の頭はリフレッシュ!! いい案がうかぶ率が当社比1.5倍!! 会社の売り上げは2倍になります!!
ぜひ導入させて下さい!!
うん　うん　なるほど!!
ザッツ

優れた批判能力をもっている人は、理にかなわない説得には応じません。しかし優れた理解力をもっているため、理にかなっている説得であれば、通常の人よりも応じやすくなるのです。

＊Supplement＊

知的な人は優れた判断力と批判能力をもつ

ホヴランドらは、知的な人が論理的な説得に影響されやすいのは判断力が優れているからだろうと推察しています。また、見当違いな説得に影響を受けにくいのは、批判能力の高さが理由だろうと推察しています。つまり、頭のよい人は説得的コミュニケーションの内容を吟味する能力に長けているといえます。

心を
動かされる人
⑨

男性より女性のほうが心を動かされやすい？

性別と被説得性

「女心と秋の空」という言葉があるように、ころころ変わる女性の心理は、男性には理解しがたいものです。逆に、女性にとっては、男性の心理が理解しがたいのではないでしょうか。男性と女性の心理の違いを、「説得のされやすさ」という観点から見てみましょう。

性別と被説得性の関連についての研究はいくつも行われています。そしてそれらの研究のほとんどは、女性のほうが説得的コミュニケーションの影響が強くあらわれています。

しかし、これらの実験の多くは、男性の説得者によって行われており、用いられたテーマも国際情勢や政治など、男性に有利なものです。したがって一概に女性のほうが被説得率が高いと言えるのか、疑問が残ります。女性の被説得性が高まるのは説得者が男性の場合だけだという研究結果や、女性に適したテーマの場合、男性が説得されやすくなるというデータもあるのです。

結論を出すのは困難ですが、苦手なテーマについて女性が男性から説得されると、影響を受けやすいのは間違いなさそうです。

・・・・女性は男性からの説得に弱い？・・・・

女性の場合、政治やスポーツなど一般的に男性が詳しいテーマに対して確信的な意見をもっていないことが少なくないので、男性の説得に対して反感や違和感が生まれにくいのかもしれません。

＊Supplement＊

女性の被説得率が高い理由は?

女性の被説得率が高い理由としては、文化的背景が一因と考えられます。多くの国で、男性は積極的かつ自己主張的な姿勢が求められ、女性は優しく、受動的な姿勢を求められる傾向があります。特に異性から説得を受けた場合に、この傾向が強くあらわれるのかもしれません。

心を動かされる人⑩

年齢が若いほど心を動かされやすい?

年齢と被説得性

他者の意見による影響の受けやすさは、年齢によっても変わってきます。これまで多くの研究者によって年齢と被説得性の関連が研究されてきましたが、それらの結果を総合すると、人は歳を取るにしたがって説得されにくくなるという傾向が見えてきます。

この傾向は、常識的に考えても納得できる部分があります。人は人生においてたえず悩み、苦しみながら問題を処理して成長していきます。こうした経験を重ねてきた年長者は、若年者に比べて大きな自信を身につけ、他者の意見に左右されることが少なくなるのではないでしょうか。「わがまま」「頑固」という形容詞が若者より老人に対して多く用いられるのも、年齢と被説得性の関係をあらわしているように思えます。

小学生でも低学年より高学年のほうが説得されにくくなるという研究結果もあり、年齢が被説得性に与える影響はかなり早い時期からあらわれているようです、なお、加齢によって減少する被説得性は女性のほうが大きいとされています。

・・・・年長者は他人の意見に左右されない・・・・

年長者は、たくさんの経験を経て、よくも悪くも自分の意見や信念をしっかりと築き上げています。ときとしてその信念は非常に強固で、他者の意見による影響をまったく受けません。

＊Supplement＊

騙されやすいお年寄りも多い?

これまでの研究では、歳を重ねるほど説得されにくいという傾向が見られます。しかし「オレオレ詐欺」に代表されるような悪徳商法の被害者に高齢者が多いことからわかるように、加齢が進むにつれて正常な判断力を失うケースがあるのも事実で、この場合には従来の傾向はあてはまらないものと思われます。

3章

環境が心に与える影響

私たちの心の動きは
つねに同じではありません。
人の心は、場所や話をする人数
その場にいる他者の行動など
周囲にあるさまざまなものから
影響を受けています。
そんな環境と心の動きの関係を
多彩な研究結果から解説します。

場所と
心の動き
❶

場所が変わると心も変わる

地の利を生かして説得交渉

悪徳商法団体には、「客を事務所に呼んで説得する」という手法を取っているところが多数あります。これはもちろん利便性によるところもあるでしょうが、事務所のほうが客を説得しやすい、というのも大きな要因のひとつになっています。

路上や喫茶店で話をする場合、悪徳営業マンと客は対等な立場と言えます。しかし事務所に移動すると状況は一変します。客にとっては見知らぬ場所ですが、悪徳営業マンにとっては勝手知ったる我が家のような場所。このような状況ではどうしても客は不安や恐怖を感じますし、悪徳営業マンは落ち着いて説得交渉を進められます。

説得者が自分の有利な場所に相手を誘い込み、相手に与える影響力を高めるテクニックは、筆者らの説得問題研究会によって発見され、「場所変え法」と命名されました。

場所が変わると、心理状態も変わります。たとえ議論の内容やメンバーがまったく同じだったとしても、場所が変われば異なる結論に至る可能性があるのです。

・・・・悪徳商法団体は自分の有利な場所へ客を誘う・・・・

自分の知らない場所、かつ相手のよく知っている場所では、相手の意見に流されやすくなってしまいます。場所変え法は悪徳商法団体がよく利用するテクニックのひとつ。対処方法は相手が場所を変えることを提案してきても応じない、ということにつきます。

＊Supplement＊

場所変え法による説得交渉の例

英会話教室を解約して納入金の一部を返してもらうため交渉に行くと、最初は受付で話をしていたが、そのうちにせまい部屋へと移動させられ、担当者が「いま解約すると損ですよ」と説得にあたる。圧迫感のある部屋で長時間説得されると、不安も大きくなり結局解約せずに帰ってきてしまう……。このようなケースも場所変え法を使った説得と言えます。

場所と心の動き❷

マン・ツー・マンは相手の影響を受けやすい

ひとりは説得されやすい

人はひとりになると、心細さやだれかに頼りたいという心理から、他者の意見を受け入れやすくなることがあります。反対に、大勢の人間に対して説得を行う場合、集団の心理が、説得に応じない方向に傾きはじめてしまうと、修正するのは非常に困難になってしまいます。

悪徳商法団体が使う手法のひとつに、「個室人分けテクニック」というものがあります。これは、最初に大勢の人間を集めて、その後ひとりずつ個室に分けて交渉をはじめるという手法です。個室に販売員とふたりきりになった客は、不安感や恐怖感を覚えるため、説得に応じる可能性が高くなります。この個室人分けテクニックも、筆者ら説得問題研究会によって発見、命名されたものです。

複数の人を個室に分ける、という機会は一般の人にはあまりないかもしれませんが、だれかを説得する際は、たとえば自分の部屋や車のなかなど、ふたりきりになれる場所で話を始めるようにするだけでも、成功する可能性は高くなります。

・・・・悪徳商法団体の個室人分けテクニック・・・・

悪徳商法団体は個室人分けテクニックのほかに「恐怖説得」や「舞台装置法」などを併用して商品を売りつけようとします。気の弱い人は、悪徳商法団体が指定した場所に足を運んだ時点で負けると思ったほうがよいかもしれません。

ムードと心の動き ❶

周囲の環境によって心の動き方は違う

環境で説得力が変わる

病院で医師に自分の症状を説明してもらっているときに、真偽を疑う人はほとんどいません。これは、大多数の人がはじめから「医者の言うことは正しい」と考えているからです。多くの人が医師を信用する理由としてあげられるのが、周囲の環境です。医師が身につけている白衣や聴診器、真っ白な壁や病院特有の匂いなどによって作られる雰囲気が患者に専門性を感じさせ、医師の信憑性を高めるのです。

たとえば医師が、あなたの自宅に私服でやってきて診察を行ったとしましょう。病院での診察と同じように、医師の言葉を全面的に信頼することができるでしょうか？　説得力が薄れたと感じる人が多いと思います。

つまり、人の心理状態は、相手が身につけている服やアクセサリー、その場に流れているＢＧＭなど、周囲の環境によって変化します。これを利用して相手の心理に影響を与えるのが「舞台装置法」というテクニックです。舞台装置法を使えば、説得を受け入れやすい状況を作ることができます。

・・・・舞台装置法を用いたエステの勧誘・・・・

BGM や家具、販売員の衣装などの舞台装置によって客に「豪華」「安心」「信頼」といったイメージを与えられれば、それだけで通常よりも説得効果の高い状態を作り出すことができます。

＊Supplement＊

あらゆるものが舞台装置になる

舞台装置として使われるのは、家具、音楽、衣装だけではありません。照明、温度、湿度、客に出されるお茶やコーヒー……あらゆるものが舞台装置として働きます。複数の人がいる場合は、歓声や拍手なども舞台装置となります。

ムードと心の動き❷

バーゲンセールで余計なものを買ってしまうのはなぜ？

三つの作用が購買意欲を高める

バーゲンセールに行って、思わず予定外の商品まで買ってしまった、という経験がある人は多いでしょう。なぜバーゲンセールでは必要以上にものを買ってしまうのでしょうか。

悪徳商法団体が使う手法に、「催眠オークション・テクニック」というものがあります。

まず、進行役が威勢のいい声で流暢にしゃべりながら、会場の客に無料商品を配っていきます。すると、事前に仕込まれたサクラたちがその商品を奪い合うようにして、会場内の雰囲気をヒートアップさせます。その後、商品の販売に移りますが、その際は「本日集まったお客様だけしか買えない特別商品です」というように、品数が限られたお得な商品であるということを強調します。そして高額商品の販売がスタートします。ここまでくると会場は熱気に包まれ、高額な商品でもどんどん売れていくのです。

この手法では、「商品の限定性」「人の同調性」「アナウンスの力動性」の三要素が購買意欲をあおる主な原因となっており、バーゲンセールに共通する部分があります。

・・・・バーゲンセールでの心理状態・・・・

バーゲンセールでは商品を売る側の限定性と力動性が客の同調性と呼応して、高い説得効果を生みます。限定性と力動性の効果によって客が商品を購入すると、同調性が働き、ほかの客も商品を購入してしまうのです。

ムードと心の動き❸

胸のドキドキは勘違いの場合もある

吊り橋の上で異性に接すると……

恋をしたときに感じる切ない胸の高鳴りは、不安や恐怖によるドキドキとは別もののように思えます。しかし人の心は、不安や恐怖を感じて胸が高鳴っている状態を、「恋をしている」と錯覚するケースがあるのです。この心理現象は、カナダの心理学者ダットンとアロンによる橋を使った実験によって確かめられており、「吊り橋効果」として多くの人に知られています。

実験は、高さ七十mの不安定な橋と高さ三mの安定した橋の上で、それぞれ同じことをします。まず、被験者の男性に橋を渡ってもらいます。男性が橋のなかほどにさしかかったら女性が声をかけ、インタビューをします。そして女性は、電話番号を書いたメモを男性に渡して、後日連絡するように伝えます。

実験の結果、安定した橋の場合、連絡をしてきた男性の割合は十二・五%。対して、不安定な橋の場合は五十%と大きな差が見られました。これは不安定な橋を渡る際に感じた胸のドキドキを、恋愛状態と錯覚した結果だと考えられます。

・・・・胸のドキドキによって相手を好きだと錯覚・・・・

グラグラと揺れる高い橋の上では、だれもが恐怖を感じ、生理的に興奮した状態になります。このような状況下では、通常よりも異性が魅力的に見えて、好意をもちやすくなります。

＊Supplement＊

吊り橋効果は同性にも有効？

吊り橋効果の実験では、男性のインタビュアーによる男性同士のパターンも試されています。実験の結果は、後日連絡してきた人の割合は安定した橋でも不安定な橋でも同じ。吊り橋効果は異性間でのみ有効な作用だということがわかります。

ムードと心の動き ④

アクション映画のヒーローとヒロインが恋に落ちるのはなぜ？

危機を乗り越えたふたりは……

吊り橋効果と似た心理作用に「戦友体験効果」というものがあります。これは過酷な体験を他者と協力して乗り越えると、相手に対する好意が高まるというものです。

ヒーローとヒロインが互いに助け合って、危機的な状況を乗り越えるというストーリーの映画を例にして考えてみましょう。このような映画では、多くの場合、ふたりはお互いに好意を抱き、特別な関係を築きます。

もちろん映画のストーリーは脚本家が考えたもので、登場人物たちは自由意志で行動しているわけではありませんが、戦友体験効果を考えれば、危機を乗り越えたヒーローとヒロインが結ばれるのはごく自然な成りゆきなのです。それゆえに観客も違和感なく受け入れられるのでしょう。

映画のような劇的な状況でなくても、戦友体験効果は見られます。たとえば学生時代、スポーツクラブのつらい練習をともにしてきたチームメイトたちは、強い絆で結ばれます。このようなケースも戦友体験効果が働いていると考えられます。

・・・・戦友体験効果で好意を得る・・・・

日常生活で戦友体験効果を得るには、お化け屋敷が最適でしょう。ふたりで協力しながらお化け屋敷を脱出したころには、お互いの仲は急接近しているはずです。また、戦友体験効果によって、お互いに好意が生まれれば、相手の要求に応じやすくなります。

＊Supplement＊

好意の増加以外にも、さまざまな働きがある

戦友体験を経ると、お互いに相手の要請を受け入れやすい状態になります。これは好意の増加以外に、連帯意識が生まれたり、「近接の効果」や「単純接触効果」（76ページ）が働いたりするからだと考えられます。窮地においては時間的な余裕がなく提案内容を吟味できないことも、承諾率を上げる一因でしょう。

ムードと心の動き⑤

政治家が高級料亭で密談するのはなぜ？

食事によって交渉がスムーズに

食事をしながら説得や交渉を行うと、人は相手の要求を受け入れやすくなります。この心理作用を実験によって確認したのは心理学者ラズランで、彼は食事によって交渉をスムーズに進める手法を「ランチョン・テクニック」と命名しています。

政治家やビジネスマンは日常的にランチョン・テクニックを利用しています。彼らは交渉をスムーズに進めるために、食事をしながら話し合っているのです。

また、ランチョン・テクニックの応用として、筆者らは、手作りのお弁当を野外で相手に食べさせることで自分に好意を抱かせたり、説得を容易にしたりするテクニックを発見し、「手作りお弁当テクニック」と名づけました。

このテクニックによる効果は実験でも検証できており、手作りのお弁当を食べた人は相手に好感をもち、相手からの説得を受け入れやすくなることが確認されています。

なお、手作りお弁当テクニックは女性が男性に対して用いたほうが有効で、その際お弁当の味がよいほど効果が高まります。

・・・・食事をしながら商談すればうまくいく・・・・

おいしいものを食べているときはだれでも気分がよくなるもの。気分がよくなれば交渉もスムーズに進みます。ランチョン・テクニックは実験によってその効果が立証される前から、政治家やビジネスマンの間で広く利用されてきました。

＊Supplement＊

ランチョン・テクニックで承諾率が上がる理由

ランチョン・テクニックが説得効果を上げる理由としては、食事の快感と説得的コミュニケーションが連合した結果、説得効果が生じたとする説、食事を提供してくれた相手に対してお返しの意味で説得に応じるとする説、食事の快感に浸って示された条件を吟味しないため説得されやすいとする説があります。

4章

人を動かす
〝定番〟心理テクニック

人間の心の動きは
多くの研究者たちが
多種多様なアプローチで
研究を重ねてきました。
第4章では
従来から知られている
有名な心理テクニックを
紹介していきます。

定番
心理テクニック
❶

ひんぱんに会うだけでも心は動く！

何度も会えば好意が増す

だれかに好意をもってもらいたい場合、もっとも簡単にそれを実現する方法は、その人に何度も会いに行くことでしょう。人は、ひんぱんに接触するものには、「単純接触効果」によって好意を抱きます。

たとえば営業マンが顧客の家に何度も足を運ぶのも、単純接触効果を利用したテクニックです。最初は話すら聞いてくれなかった顧客が、何回も会っているうちに態度が柔らかくなり、最終的には快く商談に応じてくれた、というのはよくある話です。

単純接触効果は「近接の効果」（七六ページ）と密接な関係があります。近接の効果とは、物理的に近い場所にいる人に対して好意を抱きやすいという心理作用のことですが、ただ近くにいるだけでは好意は生まれず、単純接触効果を伴ってはじめて生じます。つまりひんぱんに接触することがポイントなのです。

相手に好感を与えたいからといって、必ずしも特別なことをする必要はありません。会う回数を増やすだけでも、非常に大きな効果があるのです。

・・・・ひんぱんに会う人には要請が通りやすい・・・・

単純接触効果や近接の効果によって好意が生まれれば、要求も受け入れてもらいやすくなります。クラスメートや会社の同僚など、ひんぱんに顔を会わせる関係の人は、お互いに説得効果の高い間柄でもあるのです。

＊Supplement＊

単純接触効果が裏目に出ることも…

単純接触効果はつねに好意を呼び起こすわけではありません。相手が自分に対して強い敵意をもっている場合は、会う回数が増えるたびに、敵意が強まってしまうことがあります。しかし、相手が自分に対して少しでも好意をもっていたり、敵意をもっていないニュートラルな状態であれば、単純接触効果の作用が期待できます。

定番
心理テクニック
❷

まずは簡単な要求をする!

子どもにニンジンを食べさせるには?

普通の方法では説得が難しい条件でも、心理テクニックを利用すれば、受け入れてもらえる可能性が高くなります。たとえば野菜が苦手な子どもにニンジンを食べさせるにはどうしたらいいでしょうか。

こういったケースでよく用いられるのは、「フット・イン・ザ・ドア・テクニック」と呼ばれる手法です。このテクニックは、一度小さな要請を承諾した人は次の大きな要請も受け入れやすい、という傾向を利用したものです。つまり、最初に比較的受け入れやすい要請を提案して、相手が承諾したあと、当初の目的である要請をぶつければ、承諾の可能性が高くなるのです。

前述した野菜嫌いの子どものケースでは、細かくみじん切りにしたニンジンをチャーハンやピラフなどに少量だけ混ぜて食べさせ、その後、徐々に量を増やしていくという方法ならうまくいきやすいでしょう。フット・イン・ザ・ドア・テクニックという言葉を知らなくても、経験から同様の手法を実践している家庭は多いのではないでしょうか。

・・・・段階的に説得をする・・・・

フット・イン・ザ・ドア・テクニックは、野菜嫌いな子のケース以外でも、たとえば意中の相手に CD や本を借してもらい、そのあとデートに誘うなど、いろいろな場面で利用できます。

＊Supplement＊

要請者は変わっても問題ない

このテクニックについて多くの心理学者が研究を行っていますが、その結果、１度目と２度目の要請者が変わっても効果があることが確認されています。また、１度目と２度目の要請の間に７～１０日の間をおいても、時間をおかずに要請した場合と同様の効果があることも確かめられています。制限が少なく、簡単に利用できるテクニックです。

定番
心理テクニック
❸

高値を吹っかけてみる!

断られたあとがポイント

フット・イン・ザ・ドア・テクニックは最初に本来の目的よりも小さい要請を行う手法でしたが、これとは逆の手順によって同じ効果を期待できる手法もあります。つまり、最初に相手が承諾できないような要請を提案して、相手に拒否されたあとで本来の要請を行うと、承諾される可能性が高くなるのです。この手法は「ドア・イン・ザ・フェイス・テクニック」と呼ばれており、日常的に多くの人が利用しています。

たとえば子どもがデパートで親におもちゃをねだるシーンを想像してください。子どもは親におもちゃをねだりますが、断られます。すると次は最初のものより安いおもちゃを指差して「これ買って」とねだりはじめる――当然自覚はないと思いますが、立派にテクニックを使っています。

もちろん大人もよく利用します。たとえば商品を売る際に、ある程度高めの値段を呈示しておいて、相手が購入を渋ったら「じゃあ特別におまけしますよ」などと言って値段を下げていくというのは、よくある手です。

・・・・難しい要求をしてから簡単な要求をする・・・・

人は相手が譲歩したことに対して、自分も譲歩しなければと感じるものです。１回目の要請によって２回目の要請を実際より簡単に感じるという理由もあるでしょう。また、１回目の要請を断った罪悪感を消すために２回目の要請に応じるとも考えられます。

＊Supplement＊

フット・イン・ザ・ドア・テクニックとの違い

ドア・イン・ザ・フェイス・テクニックは、要請する人物を変えないほうがよいとされています。また、１度目と２度目の要請は時間をおかずに行ったほうが効果的です。なお、要請内容はボランティアなどの公的なものより、借金の依頼のような私的なもののほうが、ドア・イン・ザ・フェイス・テクニックに向いているでしょう。

定番
心理テクニック
4

相手が迷ってるうちにどんどん値下げする！

バナナの叩き売りはなぜ魅力的か

威勢のよいかけ声とともに商品の値段をどんどん下げていくバナナの叩き売り。非常に購買意欲をそそる売り方ですが、なぜ普通のバナナをこれほど魅力的に感じてしまうのでしょうか。

バナナの叩き売りのように、相手の反応を待たずに条件をさらに承諾されやすいものへと変更していく手法を、「ザッツ・ノット・オール・テクニック」と呼びます。バナナの値段を下げるだけでなく、たとえばバナナにミカンをプラスしたり、スーパーマーケットのタイムサービスで値下げを行ったり、通販番組などで価格据え置きのまま、いくつものオプション製品をプラスしたりするのもこのテクニックに含まれます。

バナナの叩き売りを魅力的だと感じてしまう理由としては、短時間のうちに何度も値段が下げられることで、お買得感が強調されるのがおもな理由だと考えられます。また、相手が譲歩したことに対し、自分も譲歩しなければいけないのではないか、と感じる心理も一因でしょう。

・・・・相手の返答を待たずにたたみかける・・・・

ザッツ・ノット・オール・テクニックは、ドア・イン・ザ・フェイス・テクニックの変形です。特徴は相手の返答を待たない点。どんどん値下げされ、さらにはおまけまでつけられると、実際以上にお得な印象を受けてしまうものです。

定番
心理テクニック
⑤

言い出しにくいことは承諾を得たあとで加える

カツラは結婚してから取る

フット・イン・ザ・ドア、ドア・イン・ザ・フェイス、ザッツ・ノット・オールの三つのテクニックは要請の提示方法を変えることにより、説得効果を高める手法ですが、交渉条件を相手が受け入れたあとで、相手にとってマイナスの条件を追加するテクニックもあります。人は、一度了承した事柄については、そのあと悪い条件が加わっても、自分の決定を変えにくい、という傾向があります。これを利用した手法を「ロー・ボール・テクニック」と言います。

カツラの人が、結婚したあとに「自分はカツラなのだ」ということを伝えるというのも、このテクニックの一例です。この場合、カツラだと打ち明けたからといって、離婚になる可能性は低いでしょう。もし相手が「カツラとわかっていれば結婚しなかったのに……」と思ったとしても、離婚に踏み切るまでの決心はなかなかつかないものです。しかし結婚前にカツラだと打ち明けた場合、それが原因で結婚までいたらない、という可能性は十分考えられます。

・・・・秘密を打ち明けるタイミング・・・・

ロー・ボール・テクニックが有効な理由としては、最初に提示された条件を承諾することで相手に義務感が生まれるとする「義務感説」、一度承諾した事柄は拒否しにくくなるという「一貫性理論」などの説明があります。

＊Supplement＊

おわびをプラスするケースが多い

ロー・ボール・テクニックは、悪い条件を隠しておいて、相手が要請を受け入れたあとに明らかにするため、詐欺的な面があります。そのため、使い方を間違えるとトラブルに発展しかねません。日常生活においてこのテクニックが使われる場合、悪条件を明らかにした際におわびとして、ささやかなプレゼントを渡すケースが多く見られます。

定番
心理テクニック⑥

関心のない人には単刀直入ある人にはもったいぶる！

初頭効果か新近効果か

相手の心を動かそうとする場合、自分に強力な説得材料があれば、当然有利になります。ところで、強力な説得材料を話の最初と最後、どちらのタイミングで使えばより効果的なのでしょうか。もっとも強力な説得材料を最初にもってきた場合は「初頭効果」、最後にもってきた場合は「新近効果」が期待できます。

たとえば営業マンが、最初に「契約してくれるなら値引きを考えます」と言ってから交渉をすすめるようなケースは、初頭効果を狙った手法といえます。

新近効果の例としては、営業マンが最初に商品の説明をしてから、最後に「じつはただいまキャンペーン中なので、お値段が三割引になります」などと言うケースがあげられるでしょう。

ちなみに新近効果は「クライマックス効果」、初頭効果は「アンチ・クライマックス効果」とも呼ばれます。これまでに行われた研究の結果を総合すると、聞き手が話題に関心をもっていない場合は初頭効果を狙い、関心が高い場合は新近効果を狙うのがよいでしょう。

・・・・初頭効果で相手の関心を引く・・・・

関心を示さない相手でも、初頭効果によって最初にインパクトを与えれば、その後の話をしっかり聞いてくれるはずです。はじめから関心を示している人が相手の場合は、最後に強力な説得材料を呈示したほうが強い印象を与えられます。

＊Supplement＊

強力な議論を中盤にもってきたら?

強力な説得材料を、話の中盤にもっていく場合、初頭効果も新近効果も得られず、説得効果は弱まるようです。強力な説得材料を活かすには、話の最初か最後のいずれかにもってくるようにしたほうがよいでしょう。

定番
心理テクニック
❼

短所は隠さずに打ち明ける!

都合の悪いことを話すか否か

物事には必ずよい面と悪い面があります。他者に何かをすすめるような場合でも、たいていはメリットとデメリットがあります。その場合、すすめる側は、呈示条件の長所と短所の両方について述べる方法か、短所についてはほとんど触れずに長所を強調する方法のいずれかを選ぶことになります。長所と短所について説明する方法を「両面呈示」、長所だけを強調する方法は「一面呈示」と言います。

両面呈示と一面呈示、どちらの説得効果が高いのか、一概には言えません。しかしこれまでの研究によっていくつかの傾向が明らかになっています。

相手の教養が高いとき、相手が説得的議論に詳しいとき、説得的議論の内容が複雑なとき、話の流れに不自然さがあるとき、聞き手がもともと話し手の立場に反対のときなどは両面呈示が有効で、これらの逆のケースでは一面呈示が有効だという傾向があります。

今日では一般的な教育水準が上がっているので、両面呈示のほうがうまくいくケースは多いでしょう。

・・・・一面呈示と両面呈示・・・・

メリットだけでなく、デメリットも含めて話すと、聞き手の信頼を得られます。一面呈示の場合は、話し手の意図が見え見えで「うまいことを言って、どうせ商品を売りたいだけだろう」などと思われて、警戒される可能性があります。

＊Supplement＊

一面呈示が有効な場面

前述した通り、一般的には両面呈示を用いたほうが、説得がうまくいくケースは多いと思われます。しかし説得議論の内容が非常にわかりやすく、あらためて短所を話すまでもないような場合や、最初から相手に反対の意思がないとわかっているシーンでは、一面呈示のほうが有効です。また、小さい子どもを説得する場合なども、短所を述べずに長所を強調したほうが効果的でしょう。

定番
心理テクニック
8

先に短所を言うのはなるべく控える!

話す順序で説得効果に差が出る

両面呈示を行う際に、長所と短所のどちらから話すか、というのは大きな問題になります。話の順序としては、長所を先に述べるパターン、短所を述べるパターン、そして長所と短所を交互に述べるパターンの三つが考えられます。

これまでに行われた研究を総合すると、長所を先に述べるパターンと、長所短所を交互に話すパターンが有効だとされています。長所を先に話すパターンでは、まず最初に長所を述べて、次に短所とそれに対する反対意見を説明することになります。

聞き手としては、最初に受け手の立場が明確になり、次に短所の反対意見によって主張が強調されるため、話し手の意図を理解しやすくなります。長所と短所を交互に話す場合も、話全体の流れを見失うことは、あまりないでしょう。

いっぽう、短所を先に述べる場合は、最初に短所とその反対意見を述べることになるので、話し手の意図が受け手に伝わりにくくなることも少なくありません。

・・・・長所を先に話すほうが無難・・・・

両面呈示では、長所と短所のどちらから話すかによって説得効果が変わります。過去に行われた実験では、長所を先に話して、そのあとに短所についての反対意見を述べる、という順序がもっとも有効だという結果が出ています。

＊Supplement＊

強力な説得材料がふたつある場合

大きな説得材料がふたつあるなら、最初と最後にもってくるとよいでしょう。最初に長所を話し、次に短所とその反対意見、そして最後に再び長所について述べれば、初頭効果と親近効果の両方を狙えます。なお、ふたつの説得材料のうち、より大きいものを最後にもってきたほうが効果は高いと考えられます。

定番
心理テクニック
⑨

結論は相手に言わせる！

だれが結論を言うかで印象が変わる

説得交渉の終盤を想像してください。相手から引き出したい行動や言葉を、こちらから呈示したほうがよいのでしょうか、それとも相手が言い出すのを待つべきでしょうか。

こちらから結論を呈示する方法を「結論明示」、相手の結論を待つ方法を「結論保留」と言います。結論明示は相手に結論を強制したような感じを与えますし、結論保留は論旨があいまいになるというように、どちらにもデメリットがあります。

ではどちらの方法を取るべきなのか？　一概に言うことはできませんが、これまでの実験から、受け手の理解力が乏しい場合は結論明示のほうが効果的で、十分な理解力がある場合は結論保留が有効です。また、話の内容が複雑な場合は結論明示、内容が容易なら結論保留のほうが説得効果は高い傾向にありますし、相手に結論を出そうという強い動機がある場合は、結論保留のほうが効果的です。今日の教育水準は高く、自分で結論を出したほうが納得しやすいですから、基本的には結論保留のほうが無難でしょう。

・・・・結論明示と結論保留・・・・

聞き手の理解力が乏しい場合は結論明示、高い場合は結論保留が有効です。日常で応用するなら、基本的には結論保留のほうがよいと思われますが、小さな子どもをさとすような場合は、結論明示のほうが有効でしょう。

定番
心理テクニック
⑩

「物は言いよう」は正しい！

どのように話せば効果的か

話の主旨が同じでも、情報の質と量が異なれば、説得力は変わります。当然ながら、説得材料は多いほうがよく、情報の質は高いほうが説得効果が上がります。

話し手の信憑性が低い場合、情報の質は特に重要になります。話し手の信憑性が高い場合は、最初から信用されているため、質の高い説得材料を提示しても、説得効果はそれほど上がりません。

また、説得テーマについての知識が少ない相手には、説得材料が多いほうが説得効果は上がります。しかしテーマに深く精通している相手には、質の低い説得材料を増やすと、逆に説得効果を減少させる可能性があります。相手がテーマに詳しい場合は、情報の量より質が重要になるのです。

このように、情報の質と量によって、説得効果は大きく変わります。同じことを話すにしても、どのように話せば効果的なのか、考える必要があるでしょう。その際は自分と相手との関係や、相手の知識量なども考慮しておかなければなりません。

・・・・説得材料の質と量で説得効果が変化・・・・

同じことがらでも、説得材料や話し方により、相手に与える印象はずいぶん変わってきます。具体的な情報をできるだけ多く盛り込んで提案したほうが、承諾の可能性が上がります。情報の質と量は、話し手の信頼度が低い場合は特に重要です。

＊Supplement＊

説得材料が話し手の信憑性を上げる理由

説得される側が話し手に対して十分な信憑性を感じていない場合、話の内容が信憑性の判断材料となります。したがって判断材料の質が高ければ話し手に対する信憑性が高まり、結果として説得効果も上がるのです。

定番
心理テクニック
⑪

寄付を募るなら百円より十円のほうが効果的！

ささいな要求で賛同者を増やす

慈善団体が大勢の人から寄付を募る場合、「百円寄付してくれませんか」と言うのと「十円寄付してくれませんか」と言うのでは、どちらの頼み方が多くの人に承諾してもらえるでしょうか。

当然ながら、「十円〜」のほうが、寄付をしてくれる人数は多いでしょう。これは、寄付を頼まれたときに「十円の寄付さえも断るような非協力的な人間だと思われたくない」という心理が働くためだと考えられます。また「十円の寄付を断るような自分でありたくない」という心理も原因のひとつでしょう。

このように、きわめて些細な条件を提示して、相手に大したことではないと思わせ、承諾させる手法を「E・A・P・Hテクニック」と言います。このテクニックの効果は実験でも確認されており、ひとりでも多くの人から承諾を得たい場合には非常に有効です。

ただしひとりあたりの寄付金が少ないため、多くの人から寄付してもらえたとしても、総額がなかなか大きくならないという特徴があります。

・・・・簡単な要求は断りにくい・・・・

１０円の寄付をお願いされた人は「ケチな人間だと思われたくない」「非協力的だと思われたくない」という心理が働きますし、断れば非協力的な人間だと自分で認めることになります。ささいな要求ほど、こうした心の葛藤を生むため、承諾されやすいのです。

＊Supplement＊

E・A・P・Hテクニックの使いどころ

このテクニックは賛同者を多く集める際に効果を発揮します。企業のトップや政治家などに思いを伝えるために、なるべく多くの人の署名が欲しい…というような場合は最適でしょう。住所や電話番号などは不要、ペンを渡して名前をサインしてもらうだけ、という条件にすれば、多くの人に署名してもらえる可能性が高くなるはずです。

定番
心理テクニック⑫

「とりあえずほめろ」は正解！

性格や人柄を指摘すると……

人は、他者からほめられることで、よい変化をすることがあります。たとえば上司にほめられた部下が、真面目に仕事に取り組むようになったり、親にほめられた子どもが、素直で優しい性格になったりするのは、珍しいことではありません。人は、自分の資質や性格を他者にラベリングされると、よくも悪くもそのラベルの通りに行動して、他者の期待に応えようとする傾向があるのです。

この傾向を利用して、他者をラベリングして行動を誘導する手法を「ソーシアル・ラベリング・テクニック」と呼びます。たとえば恋人に「あなたは時間をきちんと守れる人ね」と言われれば、次回のデートも遅れないように気をつけようとするでしょう。

人間関係を円滑にするための処世術として、「とりあえずほめておけ」と言われたりしますが、これはラベリングという意味でも効果的です。相手に「優しい人だね」と言えば、相手は優しい人であろうと思いますから、自分に対しても、冷たい態度は取りにくくなるわけです。

・・・・人はラベル通りに行動しやすい・・・・

ソーシアル・ラベリング・テクニックは販売手法としてよく用いられます。「センスがよい」「気前がよい」などとほめられれば、客は気分がよくなりますし、「買わないと悪い」という気持ちが出てきます。

＊Supplement＊

ソーシアル・ラベリング・テクニックに関する実験

ある実験では「慈悲深い人である」とラベリングされた人は、ラベリングされていない人よりも多くの寄付をしたという結果が出ています。なお、このテクニックが大人だけでなく、子どもに対して有効だということも、実験によって確認されています。親から「優しいね」「よい子だね」とほめられると、子どもは優しくてよい子になろうとするのです。

定番
心理テクニック
⑬

みんなしていることだと思わせる!

承諾者のリストを見せる

慈善団体に署名を求められたシーンを想像してください。多数の署名者のリストを見せられながら要請された場合と、ただ要請された場合、サインしやすいのは前者ではないでしょうか。

人は、ある行動に従事した人のリストを見せられると、同じ行動を取りやすくなるのです。ある実験では、被験者に対して献血や募金の依頼を行ったところ、承諾者のリストを見せたグループは、リストを見せないグループよりも承諾率が高くなりました。また、被験者に見せるリストは、記入数が多いほど効果が上がったのです。この傾向を利用した説得手法を「リスト・テクニック」と言います。

たとえば営業マンが自社の商品を客にすすめるとき、大勢の人の名前が書かれた顧客リストを見せれば、契約率が上がるはずです。また、顧客リストに限らず、過去の販売実績が記されたグラフや資料を呈示するのも、リスト・テクニックのひとつです。「多くの人が同意している」ということを強調するのが重要なのです。

・・・・大勢の人が承諾していることは断りにくい・・・・

長い行列ができているお店に、さらに人が並ぶように、人には他者と同じ行動を取ろうとする同調傾向があります。リスト・テクニックはこの同調傾向、とくに情報的影響を利用したテクニックだと考えられます。

＊Supplement＊

リスト・テクニックの使い方

リスト・テクニックは、E・A・P・H テクニックと組み合わせて使うと、さらに効果がアップします。たとえば 10 円の寄付を募る場合に、これまでに募金してくれた多数の人のリストを見せれば、ふたつの相乗効果によって、承諾率は非常に高くなるはずです。

定番
心理テクニック
⑭

ときには「脅し」も効果的

日常的に使われる恐怖説得

脅しによって相手に恐怖心を与えたあとに、対処方法や回避方法を提示することで、説得を容易にするテクニックを「恐怖説得」と言います。

恐怖説得は、日常的によく利用されています。大声で騒ぐ子どもに、「静かにしないとあなたの好きなおもちゃを捨てるわよ」と叱る母親。自動車事故の状況を再現して運転席の人形が吹き飛ぶシーンを見せ、シートベルト着用を促す公共広告。運転免許証の更新時に見せられる事故の悲惨さを強調した映画。これらはどれも恐怖説得の一種です。説得に応じなければひどい目に遭う、と最初に脅しをかけているのです。

恐怖説得を行う場合、基本的には恐怖心が強いほうが、説得効果が高まります。しかし、強ければ強いほどよいともかぎりません。脅しによって生じた強い恐怖心が、話し手への敵意となり、説得効果が減少する場合もあるからです。また、同じ内容の脅しでも、聞き手が違えば生じる恐怖心の度合いが異なるため、効果も変わるでしょう。

・・・・脅しをかけて承諾を迫る・・・・

あらゆる説得手法のなかでも、恐怖説得は効果の大きいテクニックです。恐怖説得による承諾は本心から納得したものではないかもしれませんが、子どもを静かにさせたい場合など、とりあえずいうことを聞かせたいシーンでは非常に有効でしょう。

＊Supplement＊

宗教カルトの常套手段

恐怖説得は宗教カルトがよく用いるテクニックでもあります。「地獄に落ちる」「大病を患う」「家族が事故に遭う」「世界の終焉が近い」など、いろいろな言葉で恐怖を与えます。そして不幸を回避する方法として宗教団体への入信やお布施、水晶玉や壷といった高価な商品の購入などをすすめてくるのです。

5章

人を動かす 〝上級〟心理テクニック

他者を説得して
心を動かすテクニックは
日々研究されています。
この章では筆者が開発したものや
筆者とその共同研究者によって
発見・命名された
斬新な説得テクニックを
紹介していきます。

上級
心理テクニック
1

とにかく相手の話を聞く「カウンセリング・テクニック」

説得上手は聞き上手

他者を説得する場合、どう話せば納得してもらえるのかばかりを考えがちです。しかし、「話さない」というのも非常に有効なテクニックのひとつです。話さないというのは、つまり聞き役に徹するということ。思う存分しゃべらせると、相手が自ら説得されやすい状態へと態度を変化させることが多いのです。

他者に思いを打ち明けることによって、不安が軽減されたり、考えがまとまったりした経験をもつ人は多いのではないでしょうか。

人は、他者に話をすることで、無意識のうちに自問自答したり、自分の行いを振り返ったりするものです。また、自発的に話をすることで大きな満足感を得られます。それが結果として態度変容につながるのです。

自らは説得を行わず、相手に語らせて態度の変化を待つ手法を、筆者は「カウンセリング・テクニック」と命名しました。

営業成績のよい営業マンの多くは、相手の話を引き出すことに長けているといいます。相手の話を聞くことが説得につながると知っているのでしょう。

・・・・話を聞くことで態度の変化を促す・・・・

カウンセリング・テクニックはクレームの対応などにも役立ちます。客が苦情を言ってきたとき、すぐに弁解するのは逆効果になりかねません。まずは相手の話を聞きましょう。思いを吐き出した客は怒りや興奮が治まり、説得が容易になるはずです。

上級
心理テクニック
❷

無策でもとにかくねばる「根張り法」

相手が折れるまで攻める

特別な策を講じずに、何度も何度も根気よく説得するのは賢明な方法とは思えないかもしれませんが、じつは効果的です。繰り返ししつこく説明することで、相手が根負けしてしまうのです。説得を受け入れるという効果が期待できるのです。このように相手を精神的・肉体的に疲れさせて説得してしまう手法を「根張《ねば》り法」と言います。

相手が承諾してくれるまで説得を続けるわけですから、説得される側としては非常にやっかいで、単純ながら非常に強力なテクニックです。

根張り法を得意としているのは、「消防署のほうから来ました」とか「書留です」と言って一般家庭を訪れ、消化器や電話機を売りこみにくる押し売りのような業者です。油断して話を聞いてしまうと、まるで根を張ったようにしつこく交渉をして、何とか契約させようとします。

ちなみにこのようなケースでは「消防署のほう」というのは歩いてきた方角、「書留」は自分の名前だと業者はとぼけます。

・・・・ねばりにねばり、拒否する意欲を失わせる・・・・

根張り法は、筆者らの説得問題研究会が悪徳商法団体の手口を研究している過程で発見し、命名したテクニックです。悪徳商法団体が常套手段として用いていることからもわかる通り、強引ですが効果的なテクニックです。

上級
心理テクニック
❸

ロミオとジュリエットも別れる!?「ブーメラン・テクニック」

押してダメなら引いてみる

自分と同じ意見を他者に強く主張されると、なぜか自分の意見を逆方向に変えたくなってしまった、という経験はないでしょうか。

人は、身体的にも精神的にも他者と一定の距離を保っていなければ不満や不快感を感じるものです。自分とまったく同じ意見を主張されると、自分の独自性や個性が失われたように感じて、他者から一定の距離を取るために自分の意見の違う側面を見ようとします。説得の方向とは逆方向に意見が変わることを「ブーメラン効果」と言い、この現象を使用して相手の意見を変える手法を筆者は「ブーメラン・テクニック」と命名しました。このテクニックでは、まず相手の意見と同じ面を強調することが大切です。すると相手は自らの意見とは逆の面を探しはじめるのです。

たとえばロミオとジュリエットを別れさせたい場合も「交際をやめろ」などと言ってはいけません。ふたりの想いはより強くなるだけでしょう。逆に、ロミオを極端にほめて結婚式の段取りを勝手に進めていくと、当人同士が冷静になり、交際を見つめ直すでしょう。

・・・・相手と同じ位置から説得・・・・

「絶対○○すべき」「絶対に○○してはいけない」というように極端な意見のほうが、ブーメラン効果が発生しやすくなります。ただし相手の意見やその確信度によっては、マイルドな意見のほうが適している場合もあるでしょう。

Supplement

ブーメラン・テクニックは省エネ

このテクニックは、少ないエネルギーで相手の意見を変えられるというメリットがあります。たとえば遊んでばかりいる子どもに勉強させるのは、通常の説得法では大変な労力を必要としますが、「勉強なんかしないほうがいいよ」のひとことで勉強してくれる可能性もあるのです。

上級
心理テクニック
❹

不安になるとつい買ってしまう「コンプレックス攻撃法」

コンプレックスを攻める

恐怖説得のうち、コンプレックス克服の意欲を利用して説得するテクニックを「コンプレックス攻撃法」と言います。

たとえばアレルギー体質の子どもをもつ家庭に「アレルギーは一生続きますよ」などとさりげなくつぶやきながら浄水器やアレルギー用ふとんの宣伝を行えば、高い確率で売れるでしょう。

「肌のお手入れを怠っていると、歳を取ってからひどい状態になりますよ」と言って、荒れた肌の写真を見せたりして客の不安をあおり、化粧品の購入をすすめるのも、このテクニックを利用したセールストークです。

異性にモテず悩んでいる学生に「一流大学に合格すればモテる」「サッカー部に入ればモテる」などと言って、勉強や部活動のモチベーションを高めるのもコンプレックスを突いた説得方法といえるでしょう。

人はだれでもコンプレックスをもっており、克服したいと思っていますから、その心理を利用するコンプレックス攻撃法は、非常に大きな効果があります。

・・・・美に対するコンプレックスを攻撃・・・・

エステティシャンは客の女性が美に対してコンプレックスを抱いているのを見抜き、解決策を呈示しています。美に対して強いこだわりをもっている女性は多く、エステの勧誘ではコンプレックス攻撃法がよく用いられているようです。

＊Supplement＊

強すぎる刺激は反発を受ける?

恐怖説得において、強すぎる脅しは相手の反感を買い、説得効果を弱めてしまうことがあると説明しましたが、コンプレックス攻撃法でも同じです。特にコンプレックスに対する思いは個人差があるので、話し手にとっては軽い脅しのつもりでも、聞き手は大きな恐怖を感じて敵意をもたれることがあります。

上級
心理テクニック
5

急に態度をひょうへんさせる「ジキルとハイド・テクニック」

警察の取り調べでカツ丼が出る理由

優しい口調で話していた人が、急に乱暴になってまくし立ててきたら、だれもが驚くでしょう。思わず相手の言うことを聞いてしまうかもしれません。このように自分の態度を急激に変えて相手を驚かせ、冷静な判断力を失わせて説得する方法を「ジキルとハイド・テクニック」と言います。イギリスの作家・スティーブンソンの名作『ジキル博士とハイド氏』にちなんで命名しましたが、同一人物が行わなくても効果はあります。最初に優しい女性が対応して相手の心を開かせ、そのあとに強面の乱暴な男性が説得にあたるというケースでも、説得効果は高くなるのです。

このテクニックのポイントは急激な態度の変化にあり、温和な説得者が乱暴になるケースだけでなく、逆のパターンのハイドとジキル・テクニックでも有効です。刑事ドラマで、最初の刑事が厳しい態度で接したあと、もうひとりの刑事が「まあカツ丼でも食え」と優しく接すると、犯人が心を開き、自供をはじめる……というシーンはよく見られますが、意外と的を射た説得技術だと思います。

・・・・ハイドとジキル・テクニックを利用した取り調べ・・・・

ジキルとハイド・テクニックによって説得効果が高まる理由は、主に驚きと恐怖でしょう。いっぽうのハイドとジキル・テクニックの場合は、驚きと安堵によって説得効果が高まると考えられます。

上級
心理テクニック⑥

成功例を呈示して信憑性を得る「サクセス・ストーリー・テクニック」

聞き手の願望を利用して説得

「大金を手に入れました」「幸せになりました」というような、成功した人の話を聞いていると、自分もそうなりたいという願望が心のなかに生まれてくるものです。その願望をうまく利用して説得する手法に「サクセス・ストーリー・テクニック」というのがあります。

このテクニックでは、最初においしい話を呈示するケースが多々見られます。「絶対に儲かる」「楽にやせられる」などのおいしい話をしておいて、そのあとに体験者の成功談を語るのです。おいしい話を聞いた時点では「うそだろう」と思っていても、体験者の成功談を聞けば、信憑性が増します。

「エステ」「ダイエット」「自己啓発」などの広告では「体験者の声」として、サクセス・ストーリー・テクニックがよく用いられています。また、「○万人が涙した」というコピーで映画などを宣伝するのも、このテクニックの一種でしょう。

成功例の呈示方法は、印刷物でもかまいませんが、生身の人間の口から聞いたほうが、より効果が高まるものと思われます。

・・・・うまい話のあとに成功例を見せる・・・・

うまい話をすすめられて、最初は疑っていても、実際に体験した人から成功例を聞くと「もしかして……」と思ってしまうもの。マルチ商法などでもサクセス・ストーリー・テクニックがよく用いられます。

＊Supplement＊

説得者が成功例を呈示してもよい

成功談を呈示するのは、必ずしも別人である必要はありません。聞き手に疑われないなら、説得者自身が成功例を呈示してもかまいません。たとえば営業マンが自分の成功談をあげて商品のすばらしさやサービスの有効性を語るのも、サクセス・ストーリー・テクニックです。

上級
心理テクニック
⑦

相手の良心に働きかける「家族のためにテクニック」

相手の優しさを利用する

家族というのは、だれにとっても大切な存在です。そんな思いを利用して、説得効果を高めることができます。これを「家族のためにテクニック」と言い、その名の通り、聞き手自身よりも家族に利益があることを強調して説得する手法です。

自分自身に対する説得にはなかなか応じない人でも「家族のため」と言われると、簡単に心を開く場合があります。家族への思いやりに加え、相手に「冷たい人だ」と思われたくないという心理もあって、説得に応じやすくなるのでしょう。

このテクニックは、悪徳商法団体の常套手段として用いられています。「子どもの将来のため」「両親に親孝行ができる」などと言われて、高額な商品を購入してしまうのです。悪徳商法団体は恐怖説得を絡めてくる場合も多く、被害者は少なくありません。

日常で使うとすれば、妻が夫に禁煙をすすめる際などが考えられます。「家族のため」「家計のため」と言われれば、なかなか断れないものです。

・・・・家族の利益を強調する・・・・

家族のためにテクニックでは配偶者や子どもにとってのメリットが強調されるため、自分が説得のターゲットになっていることを忘れがちです。このため、相手の意図を知覚しにくくなり、提案を受け入れやすくなると考えられます。

＊Supplement＊

「家族のためにテクニック」の応用

このテクニックのポイントは、相手が大切に思っている人やものにメリットがあることを強調する点です。家族以外でも、恋人やペット、会社などにメリットがあることを強調すれば、説得の成功率は高くなるはずです。しかし、それらに対して聞き手が愛情をもっていなければ効果は見こめません。会話を通して、相手が何を大切にしているか、ということを読み取る力も必要でしょう。

上級
心理テクニック
❽

相手にNOと言わせない質問をする「選択肢限定法」

選択肢を限定する

相手に必ず「YES」と言わせたいとき、「NO」という選択肢を相手に呈示しないという手法があります。

たとえば「面会に応じてくれますか?」という聞き方をしてしまうと、答えはYESかNOの二択となるので、NOと言われてしまうかもしれません。しかし「月曜日と水曜日、どちらの日に面会していただけますか?」と聞けば、「面会しない」という選択肢が呈示されていないわけですから、NOとは答えにくくなるでしょう。同じように、寄付を募る場合でも「寄付していただけますか?」と聞くよりも、「おいくら寄付していただけますか?」と聞いたほうが、寄付してもらえる可能性は高いはずです。

NOという選択肢を呈示しないことで承諾率を上げる心理テクニックを「選択肢限定法」と言います。このテクニックが有効な理由は、「NO」という答えを想定していない自信満々の説得者に対して、遠慮や気がねが生じるためだと考えられます。気弱な性格の人などには、特に効果があるでしょう。

・・・・やってもらう前提で要請する・・・・

複数の要請が呈示された場合、聞き手は、どの選択肢が受け入れやすいかと考え、呈示されていない回答をするのに抵抗を感じるでしょう。弱気な人ほど与えられた選択肢のなかから答えようとする傾向は強いと思われます。

＊Supplement＊

選択肢限定法の応用

選択肢限定法は、回答の選択肢が「YES」か「NO」ではないと相手に思わせることが重要です。たとえば会社で上司に企画書を見せるとき、ダミーの企画書をいくつか作っておくというのも選択肢限定法の応用です。ひとつだけだと通る見こみが薄い企画書でも、類似の案を複数呈示すれば、上司は「最もよいのはどの企画か」と考えるので、通る可能性が高まります。

上級
心理テクニック ❾

相手に愛情を伝えて説得する「あなたのためにテクニック」

だれのための説得？

自分の利益のためにだれかを説得しようとする場合、その意図が見透かされると、相手は警戒して、なかなか応じてくれません。

裏を返せば、相手の立場に立って説得すれば、相手は「自分のことを考えてくれているのだな」と感じて説得者に好意をもち、説得に応じてくれる可能性が高くなります。

話し手が自身の利益ではなく、聞き手のためを思って説得しているのだと強調する手法を「あなたのためにテクニック」と言います。「あなたのためなんですよ」「本当にあなたのことを考えて言っているんですよ」という風に、聞き手に対して献身的態度を示すことで説得効果を上げるテクニックです。

相手から好意を得るためには、まず自分が相手に好意を示すことが重要です。人は、他者から好意や援助、自己開示などを受けたときには、相手に同等のものを返さなければならないというバランス感覚が働きます。したがって自分の好意が伝われば、相手も好意を返してくれるはずです。言葉だけでなく、態度でも好意を伝えるようにしましょう。

・・・・親身になっていることをアピール・・・・

「あなたのためにテクニック」が効果を発揮するには、相手から好意を得ないといけません。聞き手が「自分のことを考えてくれているのだ」と感じれば、話し手への警戒心は弱まり、説得に応じやすくなります。

＊Supplement＊

説教で使われる「あなたのためにテクニック」

このテクニックがよく用いられるのが、説教の場面です。親が子どもを叱ったり、教師が生徒を注意したりする場合、「あなたのために怒っているのだ」というニュアンスが含まれていることが多く、それを感じ取った聞き手は、素直に言うことを聞きます。相手に対する愛情が伝わるか否かで、説教の効果は大きく変わるのです。

上級
心理テクニック
⑩

相手と仲よくなって心に接近する「フレンドリー・テクニック」

仲よくなれば承諾率も上がる

相手と親しくなることができれば、説得交渉もうまくいきやすくなります。このことを利用して、意図的に相手と親密になって、説得効果を高める手法を「フレンドリー・テクニック」と呼びます。

このテクニックでは、説得者は身の上話をしたり、友達口調で話したりして、相手との心理的な距離感を縮めます。ふたりの間に良好な関係が築かれれば、聞き手はその関係を壊したくないと思い、説得に応じやすくなります。はじめて会った人に説得される場合と、仲のよい友達に説得される場合を考えればわかりやすいでしょう。

日常生活でもいろいろなシーンで利用されていますが、そのひとつとして、アパレルショップ販売員の接客術があげられます。経験したことのある人も多いかもしれませんが、あのちょっとなれなれしい接客はフレンドリー・テクニックなのです。高い販売実績を誇るカリスマ店員の多くが利用しているということからも、フレンドリー・テクニックの効果のほどがうかがえます。

・・・・カリスマ店員のフレンドリー・テクニック・・・・

フレンドリー・テクニックは、好意・賞賛の影響力のほか、「近接の効果」「単純接触効果」「類似性」を利用した手法です。聞き手が話し手に信頼を感じ、親しい友人のような関係になれば、相手からの提案を断りにくくなります。

＊Supplement＊

ひいきのタレントの愛用品がほしくなる理由

心理学者ハイダーのバランス理論によれば、聞き手が話し手に対して好意をもっている場合、聞き手は話し手が好きだと言ったものを同じように好きになろうとします。これもフレンドリー・テクニックの効果のひとつでしょう。

上級
心理テクニック
⑪

分割払いでハードルを下げる「ローン推薦法」

ローン利用時の価格を強調

数十万円の高価な品物でも、二十四回、三十六回といった長期ローンを組めば、月々の支払額は非常に小さくなります。月々の支払額が小さくなると、普段は買おうと思わない高額商品でも、手が届くような気がしてしまうものです。ついついローンで買い物をしすぎて失敗した経験がある人は、多いのではないでしょうか。

ローンは一括払いに比べて商品の値段を安く感じやすいということを利用して、販売契約を結びやすくするテクニックを「ローン推薦法」と言います。

ローン推薦法の「小分けにして錯覚させる」という原理は、販売契約以外のシーンでも利用できます。たとえば非常にたくさんの仕事を与えられたとき、最初は「絶対に終わらない」と感じても、落ち着いて一日あたりの仕事量を考えてみると、「がんばれば終わるかも」と思えることがあります。上司が部下に仕事を頼んだり、教師が夏休みの宿題を出す場合などは、一日あたりのノルマを強調したほうがよいでしょう。

・・・・1回あたりの支払い額を強調して錯覚させる・・・・

数十万円という高価な商品でも、分割払いにすると、1回あたりの支払い額は数千円の単位まで小さくできます。商品の価格そのものは変わっていませんが、数千円という金額を呈示されると、実際の値段よりも金銭的負担を軽く感じてしまうものです。

＊Supplement＊

ローン推薦法に対抗するには?

もっともよい対抗策は、即決せずに時間をおくことです。たとえばキャッチ・セールスでも、購入の意思決定を保留して、家に帰ってからもう一度考えれば、その商品が本当に自分に必要なものか、価格は妥当か、というところまで考えが及びます。これはローン推薦法だけでなく、ほかの心理テクニックに対しても有効な手段です。

上級
心理テクニック⑫

視覚に訴えて信憑性を上げる「百聞は一見にしかずテクニック」

分厚い書類よりも一枚の写真

「百聞は一見にしかず」という言葉がありますが、口頭で長々と説明したり、分厚い書類を読ませたりするよりも、一枚の写真を見せるほうが大きな説得力をもつことがあります。

たとえば、ダイエット食品の効果を伝える際、その食品を利用してやせた人の写真を見せるというのは、非常にポピュラーな手法です。この場合、やせる前の写真と、ダイエット食品によってやせたあとの写真を並べて呈示するパターンが多く見られます。何人もの写真を見せればさらに効果は高まり、最初は疑っていた聞き手も、購入しようかという気になってくるでしょう。私たちは、この手法を「百聞は一見にしかずテクニック」と名づけました。

このテクニックの実用例は日常にあふれています。たとえば会社でプレゼンテーションをするとき、文字の資料や口頭説明だけでなく、写真、映像、グラフを用いたほうが、説得力が高まります。また営業を行う場合でも、商品の魅力が一目でわかる写真やデータをもっていれば、大きな強みになります。

・・・・写真で見せられると説得力が高くなる・・・・

言葉による説得だけでは納得しない人でも、自分の目で効果を確認すると反対意見を述べにくくなります。また、「相手は自分より専門性が高い」と感じて、説得されやすい状態になります。

＊Supplement＊

信憑性に影響を与える要素とは?

説得の際に重要となる信憑性は、信頼性と専門性によって大きく変化します（70ページ）。百聞は一見にしかずテクニックは、特に専門性をアップさせることで、説得の信憑性を高める手法といえるでしょう。写真や動画などの資料を見せられた人は、相手は自分より高い専門性をもっているのだと感じて、説得に応じやすくなるのです。

上級
心理テクニック⑬

甘い言葉で誘う「赤頭巾テクニック」

目的を隠して近づく

おばあちゃんを装ったオオカミに、赤頭巾ちゃんが食べられてしまうという童話があります。オオカミはおばあちゃんになりすまし、赤頭巾ちゃんをだまして近寄らせ、最後にパクリと食べてしまうわけですが、この物語から名前を取った「赤頭巾テクニック」という説得手法があります。特徴は本来の目的を隠して勧誘を行う点です。優しい人を装ってターゲットをおびき寄せ、そのあと本性をあらわして襲いかかるわけです。

日常で用いるなら、「ウチでDVDでも視よう」と友人を呼び出して、借金のお願いをする、というようなケースが考えられるでしょう。

このテクニックは最初に簡単な要請を行い、次に要請条件を引き上げるフット・イン・ザ・ドア・テクニック（一二四ページ）や、承諾しやすい条件に応じさせたあとに条件を変更するロー・ボール・テクニック（一三〇ページ）の変形バージョンといえます。また、これらのテクニックと同様に、赤頭巾テクニックも一度目の要請に応じた人は、二度目の要請を断りにくくなります。

・・・・甘い言葉で誘って本性をあらわす・・・・

「抽選で当たった」と言って客を温泉旅行に連れ出し、高額な商品を買わせるという本来の目的を非常にうまく隠しています。このような状況で断るのはなかなか難しいでしょう。無料旅行にはたいていスポンサーがいるものなのです。

上級
心理テクニック
⑭

真の目的を巧みに隠す「撒き餌テクニック」

エサを撒いて人を集めて……

赤頭巾テクニックのサブテクニックとして、「撒き餌一本釣りテクニック」「撒き餌大量テクニック」という手法があります。どちらも、小さな報酬を配ったり、関心を引くテーマを呈示したりして大勢の人間を集め、そのあとに本来の目的である説得を行うテクニックです。ただし、「撒き餌一本釣り〜」は集まった人のうち特定の人間に、「撒き餌大量〜」は集まった人全員に対して説得を行います。

たとえば「インドカレーを食べよう」「カウンセリング講座に参加しよう」などの何気ないうたい文句で人を集め、そのなかからパソコンに詳しい人や営業を得意とする人など、主催者が必要とする人材を選んで説得を行うのが撒き餌一本釣りテクニックです。

撒き餌大量テクニックも人の集め方は同じですが、集まった人全員に対して説得を行い、底引き網漁法のように大量の人間を勧誘できるので、催眠商法などでよく用いられています。宗教カルトが、合コンと称して多数の若者を集めて、全員を勧誘するという手口もあります。

・・・・スキルアップ講座終了後にヘッドハンティング・・・・

スキルアップ講座を開き人を集め、講座修了後に特定の人にヘッドハンティングを行う、というのは撒き餌一本釣りテクニックの巧妙な活用例です。スキルアップ講座には成長志向の強い人が集まるので、非常に効率のよい勧誘方法です。

6章

心を動かされないための防衛策

これまで紹介してきたような
心理テクニックを使われると
人間の心は意外と簡単に
動いてしまいます。
他者に自分の心を
コントロールされないためにも
本章で紹介する防衛策を
頭に入れておきましょう。

説得されるデメリット

心を動かされることで生じるデメリット

素直よりも頑固がよい

学校では、頑固よりも素直がよいと言われがちですが、心を動かされやすいのも考えものです。

説得されることと、騙されることは、紙一重だといえます。なぜなら、人が他者に対して説得を行うのは、その人にとってメリットがあるからです。反対に、説得される人にとっては、デメリットであることが多いわけです。訪問販売や新聞の勧誘などを受け入れて、あとで後悔したことのある人も、多いのではないでしょうか。

たとえば、あなたが会社員なら、取引先との商談において、相手の提案ばかりを受け入れていると、不利な契約を結ばされて、会社に損失を与えることにもなりかねません。ましてや、ビジネスの世界では、本書ですでに紹介した説得テクニックが使われるケースも少なくないでしょう。

説得に対抗するには、説得テクニックを知っているだけではなく、本章で紹介する防衛策を身につけておく必要があります。攻撃も防御も同じように大切なのです。

・・・・・・・・・簡単に心を動かされると損をする・・・・・・・・・

他者に説得されて買ったものは、本当は不必要であることも少なくありません。

＊Supplement＊

自主性があるから人生は楽しい

そもそも、人の言うことばかりを聞いていても、人生は面白くありません。人の言うことを聞いたり、聞かなかったりと両方があって、はじめて人間としてバランスが取れるのです。人の言いなりになっていると、自主性もなくなってしまいます。極端な話かもしれませんが、宗教カルトに深入りする人などは、自主性がなくなった最たる例かもしれません。自分の人生を満喫するためにも、他者に心を動かされないように、注意を払ってみることは大切です。

心理学者の説得対策❶

心を動かされない四つの鉄則

説得に抵抗するいろいろな方法

洗脳に対する抵抗を研究したマッグワイアによると、説得への対処法は四つあるとされています。ひとつは、その人の信念にかかわる取り消しができない行動を取ること。これには、第一章で述べた人前で自分が決めたことを公表することも含まれます。

ふたつめは、信念をほかの認知に固定してしまうこと。これは、自分の価値観や利益をもたらすものを、信念と結びつけてしまうということです。たとえば、「自分は自然が好きだから、排気ガスをまき散らす車は買わない」というように、自然が好きだという認知を、車を買わないという信念に結びつけると、車のセールスマンに対抗できます。

三つめの方法は、説得に抵抗的な認知の状態を作り出すことです。この点において、強度の不安、攻撃性、自尊感情は役に立ちます。要するに、歓迎しないセールスマンに対しては、「あやしい！」と思えばいいのです。

そして四つめの方法は、説得に抵抗するために、予備訓練を行うもので、マッグワイアが「接種理論」として発展させています。

・・・・説得に抵抗する４つの方法！・・・・

①取り消しのきかない公表をする

②信念をほかの認知と結びつける

③説得に抵抗的な認知の状態を作る

④説得に対して予備訓練を行う

心理学者の説得対策❷

心の予防接種で抵抗力をつける

説得に対する抗体を作る

説得に対する予備訓練といえるのが、マッグワイアの接種理論です。彼は、説得への抵抗を起こさせる効果的な方法として、生物学的な免疫効果に着目しました。

病気にならないために行う予防注射の原理は、あらかじめ体内に微量のウイルスを注射することによって、免疫力をつけるというものです。ウイルスは微量であるため、体に害を与えることはありません。これと同じように、説得される対象についてあらかじめ軽い説得を受けておくことで抵抗力がつき、本格的な説得にも態度が変わりにくくなるのです。

ではなぜ、軽い説得を受けておくと、抵抗力がつくのでしょう？　その理由のひとつとして、軽い説得を受けたことによって、「また説得されるかもしれない」という防衛心をもつことがあげられます。つまり説得されるということに対して、事前に注意を向けておくことが大切なのです。

こういった心の予防接種は、説得に対する抗体を、意図的に作ることができるというメリットがあります。

＊Supplement＊

だれもが正しいと思っていることほど、じつはもろい？

「喫煙は健康に悪い」、「大食いすると太る」など、だれもが正しいと思っていることは、生物的な無菌状態になぞらえることができ、説得に対する抵抗力が弱いという特徴があります。多くの人は、「喫煙は健康によい」などと言われるとは思っていないので、それに対する反論をもち合わせていないのです。しかし、「喫煙はストレス解消になる」と軽い反対意見を聞き、それに反論しておくと、接種理論の原理が働き、その後「喫煙は健康によい」と言われたときも、反論することができるでしょう。

・・・自明の理を説得されても人は十分な反論ができない・・・

説得されて困ることがあるときは反論をするための予備訓練をしておくとよいでしょう。

心理学者の説得対策③

心を誘導する代表的な手口とその予防策

承諾誘導の専門家の手口

説得によって心を動かす手口は、多くの心理学者によって研究されています。チャルディーニは承諾誘導の専門家たちが用いる技法を六つに分類しています。

①「返報性」

人から受けた恩に対して、お返しをしないといけないという気持ちを利用するものです。

②「コミットメントと一貫性」

その場の雰囲気などで約束したことを、一貫して守ろうとする気持ちを利用します。

③「社会的証明」

多くの人がやっていることを正しいと思いこもうとする心理に働きかけます。

④「好意」

人から好意をもたれると、自分も好意をもつという心の動きに注目したものです。

⑤「権威」

権威者が言うことにしたがいがちな心理を利用します。

⑥「希少性」

だれもが珍しいものに対して理性を働かすことは難しいということに着目しています。

チャルディーニの説得対策

チャルディーニは承諾誘導の専門家が用いる６つの技法を分類して、その対策を講じました。

① 返報性

最初の好意を受け入れてしまったとしても、あとでそれがトリックだと認識できれば、恩返しをしなければならないと感じることはありません。

② コミットメントと一貫性

罠にはまらないためには、最初のコミットメントに慎重になることが大切です。「時間をさかのぼることができたら、同じコミットメントをするだろうか？」と考えてみるのも有効です。

③ 社会的証明

誤った社会的証明に騙されないためには、自分と似た者が行っていることを、警戒心をもってチェックしなければなりません。そのうえで、その行動を取る根拠が誤っていないかを判断しましょう。

④ 好意

好意と、好意を向けてくれた人の申し出を心のなかで区別し、申し出のメリットだけを判断の基準にしなくてはいけません。

⑤ 権威

「この権威者は、本当に専門家なのか」、「この権威者はどの程度誠実なのか」といったことを自問したうえで判断するようにしましょう。

⑥ 希少性

希少性に魅力を感じたときは、なるべく興奮しないように努めます。そのうえで、自分が本当に欲しいのかを吟味する必要があります。

心理学者の説得対策④

カルト団体を寄せつけない心構え

あの手この手で近づくカルト

近年、カルト団体からの説得的コミュニケーションによる被害が報じられています。説得に屈し、カルト団体に入会・入信したあとでは、当人たちはすでに巧みな説得テクニックによってマインド・コントロールされているので、周囲が何を言っても聞く耳をもちません。洗脳された人を救うことも大切ですが、最重要課題は、カルトの手口に騙されないための予防策を考えることです。そこで筆者らがあげているカルト予防の心構えを紹介します。

まずは、悪質商法などのニュースが報じられた際、自分のこととして考えてみるとよいでしょう。他人事として受け止めるのではなく、もし自分の身に降りかかったら、どうするかを考えてみることで、免疫がつき、被害に遭うのを事前に防ぐことができます。

次にカルト団体の勧誘者は、身分や本当の目的を隠して接近してくることに着目します。最初は募金やアンケート目的でも、あとで入信をすすめたり、商品を売りつけてきたりするのはよくある手口です。話が変わったと感じたら、即座に断りましょう。また「場所変え法」

（一〇六ページ）を利用して、別の場所に連れていかれるケースも多いので注意が必要です。

カルトに多いのが、「ガンになる」、「地獄に落ちる」などと恐怖心をあおる手口です。どんな人でも精神的に落ち込んでいるときは、恐怖心につけこまれやすいので、十分に気をつける必要があります。

反対に「あなたは必ず幸せになれる」、「大金持ちになれる」といった甘い言葉や優しい言葉にも注意しなくてはなりません。見知らぬ人がそのような言葉をかけてくれることはめったにないので、何か裏があると思ったほうがよいでしょう。

また、どんな相手にでも、絶対に「借り」を作らないことも大切です。些細なことでも、人は借りができると重荷に感じ、それを返して心の負担を軽くしようとするものです。

そして、もし入信、入会したくなっても、すぐに決断してはいけません。カルト団体は、「よく考えて、あなた自身で決めて下さい」などと言いながらも、時間や人数を限定して急がせるものです。契約書や入会書にサインをするまでの流れを振り返って、不審な点に気づいたら、サインをするのをやめましょう。

また、このような団体から、騙されて商品を買ってしまった場合は、クーリング・オフという制度を活用し返品することができます。

イラストで見る!
やさしい心理学入門❶

社会心理学がとってもよくわかる本

2008年4月30日　初版発行

著者　榊 博文
発行者　佐藤秀一
発行所　東京書店株式会社
〒113-0033　東京都文京区本郷 1-1-1
TEL.03-3813-6324　FAX.03-3813-6326
http://www.tokyoshoten.net
郵便振替口座　0018-9-21742

編集　寺田永治（株式会社シェルパ）
編集協力　富 宗治
イラスト　タダトモミ
デザイン　茂木弘一郎（blueJam inc.）

印刷・製本　株式会社東京印書館

Printed in Japan
ISBN978-4-88574-055-8